ROLF

BLAKSTAD

IBIZA HOUSE DESIGN

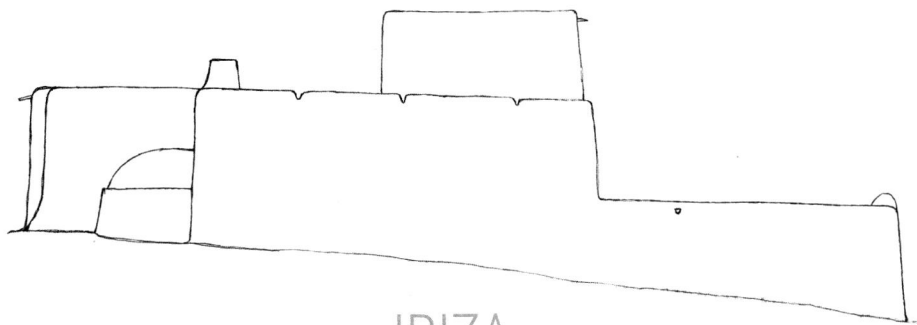

IBIZA

CONRAD WHITE // ESTEFANY VARGAS

Rolf Blakstad House Design
Author / Concept:
Conrad White / Rolf Blakstad

Art director / Creative Director:
Conrad White

Design and Layout Coordination:
Estefany Vargas / Mireia Casanovas

Photographs:
Conrad White

Styling / Photoproduction:
Estefany Vargas

Text: Danni Landa
Introduction Text: Rolf Blakstad
Translation into Spanish: Elena Triana Martínez

2021 © booq publishing, S.L.
c/ Domènech, 7-9, 2º 1ª
08012 Barcelona, Spain
T: +34 93 268 80 88
www.booqpublishing.com

ISBN: 978-84-9936-674-6
Printed in Spain

ROLF
BLAKSTAD

SUSTAINABLE SINCE 1956

www.blakstadibiza.com

The Houses

Snowed in by almond blossoms

Below my father's house, in the apricot orchard overlooking the valley where a sea of swirling mist fragmented the surrounding pine-covered hills into an archipelago of smaller, inaccessible islands, the milky tendrils breaking on the rocky shores stranded us until the welcome rays of the sun cleaved as Moses, the white veil. This exposed a bed of deep furrows of rich red earth for what it really was, fertile fields glistening and heavy with the sparkling gems of morning dew.

Now well into the third movement, Mozart's horn concerto No.4 struggled on the small battery-powered 45 to overcome the frenzied cacophony of birds. The scent of freshly pruned juniper branches, meanwhile, drifted on the downdraft of last night's fire, prodded back to life from its glowing embers, blending with the pungent aroma of moist rosemary and thyme.

The predawn light revealed a dull grey metallic disk the size of a thumbnail in one of the shallow holes excavated between the twisted silver trunks of ancient olive trees, rooted to the edge of the terraced stone wall that dropped down to the narrow-cobbled donkey path.

No more than four or five years of age on that chilly spring morning in the mid-seventies, and surrounded by older siblings, the uncomfortable ache of tender unprotected knees imprinted with the pattern of the damp pebbles embedded in the chalky white soil of the higher ground, was drowned out by the excitement of having discovered what would – once cleaned – reveal a bas-relief of the hedonistic dwarf god Bes, protector of households and all things good and, indeed, name giver to our island. The reverse side showed the figure of a powerful, enraged charging bull – heads and tails of a bronze Roman denarius, minted in Ebusus two thousand years previously. And our delight at the prospect of a break from the early morning digging until the morrow's sun rise.

Approximately at the same time as some poor fellow must have been cursing his bad luck and the ripped seam of his pocket in the foothills of Morna, in far away Agyrium, Diodorus Siculus was depicting this land and its inhabitants:

There comes first an island called Pityussa, the name being due to the multitude of pine trees which grow throughout it. It lies out in the open sea and is distant from the Pillars of Hercules a voyage of three days and as many nights, from Libya a day and a night, and from Iberia one day; and in size it is about as large as Corcyra. The island is only moderately fertile, possessing little land that is suitable for the vine, but it has olive trees which are engrafted upon the wild olive. And of all the products of the island, they say that the softness of its wool stands first in excellence. The island is broken up at intervals by notable plains and highlands and has a city named Eresus, a colony of the Carthaginians. And it also possesses excellent harbours, huge walls, and a multitude of well-constructed houses. Its inhabitants consist of barbarians of every nationality, but Phoenicians preponderate. The date of the founding of the colony falls one hundred and sixty years after the settlement of Carthage [814 BCE].

Diodorus Siculus, book V, passage 16

This description was penned in the mid first century BCE, 600 years after the Phoenicians first settled on the island of Bes. Little changed during the following two millennia, and some things have not changed at all. Barbarians of every nationality continue to inhabit the island, while Phoenician DNA continues to infuse the blood of the local population.

The well-built houses mentioned by the Sicilian were constructed by those first merchant settlers from the Levant on this multicultural crossroads they would create. This was a perfectly situated island to replenish supplies, and a good place to rest before the upcoming trials of their long voyage through the foreboding pillars of Hercules and into the large rough swells of the Atlantic Ocean that their small ships were designed to withstand. Still far from their destination, the Purple People would then take a south-westerly compass heading towards "Les Îles Purpuraires", a small group of islands in the sandy bay of Essaouira off the west coast of Africa. According to legend, these islands were ruled by a savage virgin goddess darker than obsidian, forged in the desert furnace and naked save her feet that were shod with the hooves of the camels she sacrificed and devoured. This goddess transformed through the dark arts of witchcraft, alchemy and the crushing power of her lower extremities the Haustellum brandaris mollusc and their beautifully sculpted shells into deep "Purpura" dye Murex – a dye prized more than life itself, one that would bestow these brave adventurers their name.

After the fall of Tyre to King Nebuchadnezzar II of Babylon in the sixth century BCE, Carthage would extend its influence, consolidating and expanding previous trading outposts and creating an empire, while the houses on Ibiza would continue to be built well into the mid 20th century, not evolving in style in any significant manner, but remaining as a cohesive system which could be adapted according to the family's changing needs, a tradition passing from father to son for more than two and a half millennia. This is the ultimate "architecture without architects" and a perfectly sustainable way of building, the size of the house matching what one family could manage on their own and the land's resource availability.

Recycling took place naturally and rapidly once a property was abandoned, the roof beams collapsing and rotting, while the walls dissolved by the winter rains back into the soil from which they were created within one generation. The design and construction of the buildings were ideally suited to the climate and sun patterns, thousands of years of accumulated knowledge creating a timeless passive vernacular architecture. The simplicity residing in an almost total lack of ornamentation and the complete practicality of the design, the succession of plain boxes nestling into the landscape, visually appeared to grow naturally from the hillside: working with the topography and the environment, not fighting it.

Guidelines to these rules are also to be found in the ancient practice of Feng Shui and Vastu Shastra in the Far East. Many aspects, dating back to the late Neolithic period and evolving into an extremely complex art, are fully understood by very few. For the rest of us, it is important to separate the gravel from the sand for our particular level of comprehension while not throwing the baby out with the bathwater. It was not unintentional that it was made difficult to understand so as not to be taken lightly and applied by those who did not have a full understanding, differing greatly from an ancient tradition that repeats a proven pattern, this involves unique design.

Even if it becomes easier to relate to the Dragon, Turtle, Tiger or Phoenix once you can read the contour lines on the topographical survey they represent, one understands that what these creatures are communicating is that it is probably not a great idea to build in a dry riverbed. Just like being aware that energy, spirit and wind are one and the same, making it easier for anyone to grasp how locating a bathroom on a north wall is now less relevant thanks to modern plumbing. Open latrines together with warm southerly summer breezes are, thankfully, no longer an issue.

My point is that hanging a mirror, or a wind chime, will probably not make a world of difference – and that the arts we are describing should be seen as logical solutions to real problems which were often solved through following tradition and intuition without knowing why.

The answer is so obvious sometimes that we miss the forest for the individual tree, except for those chosen few who hold the key to the hidden message. While at the same time remaining conscious that as long as one is not asleep at the wheel, we are all receptive of the physical realm that surrounds us, and we are subconsciously aware of what feels right or wrong. Possibly easier for our analytical left-sided brains to understand are the simple instructions depicted by Cato the Elder in De Agri Cultura.

Written in the second century BCE, the book advises that a property should be at the foot of a mountain, looking west and that it ought to sit close by a good-sized town, road, navigable river or the sea – in a place which has not often changed ownership, one which is sold unwillingly. This all requires less imagination, and no initiation into a secret order.

Other chapters of Cato the Elder's work, such as his chillingly detailed advice on the treatment of slaves, are thankfully no longer deemed the essential 'pearls of wisdom' they once were for the correct running of a farm. But common to all of them is the need to have a clear understanding of the priorities in the design process, and to be willing to adapt to each and every condition.

Growing up on land inhabited by the fiercely independent descendants of history's first maritime traders, I lived on an ancient farm at the end of a long, winding track in the ruined homestead my father had purchased from a local ibicenco who had won the property from his neighbour in a card game. This seemed to prove that the native custom of Ibizan daughters independently retaining property rights is a fine one. The custom would have been bolstered, no doubt, by the worship of the mighty moon goddess Tanit, all powerful mistress of the cycles of growth, decline, life, death and rebirth; she was both adored and feared as a benevolent deity, albeit vengeful. Represented as a trapezoid holding a waning moon arched above her head, she continued to be worshipped for many generations after the introduction of Christianity to the island. Her representation is often set in the household shrine, a niche centred opposite the front door.

Tanit was eventually superseded by another virgin – Mary, again represented by a trapezoid, in this case above a crescent moon. The image of Tanit remains interwoven with flowers of life and a diamond pattern border encircling the opening, this ring of fire in red ochre protecting the dwelling and those in it. Secretly recognised by those enslaved, their presence was romanticised to purge our conscience centuries later by fairy tales telling of their fantastical existence. Ugly gnomes were lured by a blooming wildflower into an empty bottle placed under the old Roman Bridge, illuminated by the August full moon reflected on the current of the sole river the Pityusic isles had. Once ensnared they were at full disposal of their captor. Occasionally these niches and their magical patterns still reappear from under dozens of layers of whitewash during the restoration of old farmhouses, having stood guard for many years over the old shrines that had been reconverted to liquor cabinets. Once my father had rebuilt and enlarged

the old house to accommodate his growing family, much in the same fashion scores of generations of islanders had before him, he dedicated the rest of his life to studying the ancient vernacular houses and customs of those who inhabited and built them – sketching, measuring, and photographing the few remaining farms and questioning the farmers as their world disappeared around them, thanks in part to ourselves. He endeavoured to leave a record of such an ancient knowledge in the hope and expectation that it would provide useful information in the future, as we search for a common knowhow that has been misplaced in our efforts to prove we have no need to court our environment. Manifesting his desire in one of his last notes, he wrote: "Would it not be wonderful to have as beautiful and as harmonious architecture as was created by our poetic peasant antecedents on this island of Ibiza. This remains a challenge to us."

After suffering its first non-violent occupation since time immemorial the island found itself at the forefront of the cultural revolution of free thought during the sixties and seventies, our home being a hotbed for a horde of older Beatniks and fresh young hippies who would descend on us like a cloud of locusts with the arrival of summer. Their uninhibited and unshackled imagination was heady enough not to require the additional enhancement of mind-altering substances other than the occasional glass of our red wine, crushed by our bare feet and aged in Jerez oak barrels seasoned with brandy. The grapes were not from our own vines, I must confess. Any day of the week, we welcomed a multiple array of colourful characters, artists of all walks of life, nuclear scientists, bank robbers, Tibetan Lamas, Persian princesses, mystic Sufi masters, scam artists, Mossad agents and other common freaks.

Of all these cosmic tourists, the oddest one that stood out in my young mind was the schould's history teacher. Not unlike the Syriac ascetic Saint Simeon Stylites on his pillar, he had leased a large carob tree on the hill behind our house, where he balanced a rickety old wicker chair in the higher branches and lived there for some years. Enlightened from hearing voices like his role model was, he devised a complex body chart system that many believers continue to practise globally to this day. I dare say that all the evidence points to the possibility he was under the influence of something a little more robust than our house wine. Nevertheless, his primitive construction emphasised what had been held as common knowledge in Ancient Rome, common knowledge that, once lost, would take almost two millennia to become accepted once more.

Vitruvius described the origins of building in the first century BCE, in book II chapter one of De Architectura. "*Therefore it was the discovery of fire that originally gave rise to the coming together of men, to the deliberative assembly, and social intercourse. And so, as they kept coming together in greater numbers into one place, finding themselves naturally gifted beyond the other animals in not being obliged to walk with faces to the ground, but upright and gazing upon the splendour of the starry firmament, and also in being able to do with ease whatever they chose with their hands and fingers, they began in that first assembly to construct shelters. Some made them of Green boughs, others dug caves on mountain sides, and some, in imitation of the nests of swallows and the way they built, made places of refuge out of mud and twigs. Next, by observing the shelters of others and adding new details to their own inceptions, they constructed better and better kinds of huts as time went on.*"

And while ongoing archaeological studies suggest that farming followed human settlement, fulfilling the need to feed populations that had decided to congregate, hunter gatherers founded proto-cities, such as Jericho and Çatal Hüyük, that flourished in the Near East ten thousand years ago during the late Neolithic and Chalcolithic periods. Population estimates for these settlements fluctuate between 5,000 and 10,000 inhabitants.

Transitioning from the Upper Palaeolithic to the Neolithic period, human gathering in the Near East was first established on a socio-ritual basis in Asia Minor. The Golden Triangle, a small area in the Northeast of the Fertile Crescent was the birthplace of construction. Such buildings provided shelter initially for the builders and sculptors of the stunningly beautiful massive T-shaped stone pillars of Göbekli Tepe twelve thousand years ago. These totems, weighing up to ten tons and standing six meters tall, are overwhelming in their delicate nature.

The sunken stone circles they stand in replicate the shape of the first shelters built, transforming over time to square, following the lead of the settler's homes. The common became sacred.

We are not desolate we pallid stones
Not all our power is gone
Not all our fame
Not all the magic of our high renown
Not all the wonder that encircles us
Not all the mysteries that in us lie

Edgar Allan Poe

Defined as "The world's oldest temple" by Klaus Schmidt who discovered the site in 1993, Göbekli Tepe is vast by any standard. In order to grasp the magnitude of its size, suffice to say the excavations up until the year 2012 had uncovered more than 4,000 m^2

This represents only five per cent of its total area, as geophysical studies indicate over twenty circular zones and the presence of more than two hundred pillars. The structures are exceptionally well preserved: when abandoned, they were filled in and covered by more than six meters of rubble.

Never intended for habitation, such communal effort to erect these buildings is simply mind blowing. Measuring over 200m^2, the largest of the temples was dug down to a depth of three meters.

Thick stone walls contained the earth leaving an interior space of 12 0m^2 approximately fourteen meters in diameter. Embedded into the perimeter wall are thirteen monolithic limestone pillars, decorated with illustrated scenes of daily activity in bas-relief. These are meant to be read much in the same way historic passages and messages are recorded and transmitted over time to pilgrims and visitors of modern centres of worship. Among the most common are the funerary scenes, indicating that once the head was removed from the body the facial features were restored with plaster, revealing expressions as delicate and moving as those featured on the bust of Queen Nefertiti. This allows for a glimpse into our genetic haplogroup ancestors. The body of the deceased was then laid out to be consumed by vultures, a ritual possibly linked directly by Zarathustra to the sky burials still practised to this day by some cultures in the Far East.

On top of these pillars, a web of wooden beams sat in "V" shaped notches forming a roof structure supported by two larger T-shaped pillars in the centre of the space. Carved to represent human-like figures, they in turn sustained between them a porthole-shaped stone, allowing light in and smoke out. This was a precursor of the archaic Greek Megaron, such as the one in Knossos whose builders are believed to have hailed from the Taurus mountain range in Asia Minor. The flooring material was burnt limestone and clay, an extremely durable and moisture resistant terrazzo, very similar to the one we inherited and preserved on our modern living room floor.

Göbekli Tepe's oval floor plan places it in the mid-term of the one thousand years of occupation of the site, as later constructions progressed to become more rectangular. The square, or the cube, in all its coordinates, is the natural progression from the roundε despite the round tower of Jericho, a standing testament to the structural efficiency of a continuous, unbroken wall which heroically withstood the full onslaught of the Israelites' trumpets as the rest of the city's walls came tumbling down around it on the seventh day of their siege. Our Stone Age ancestors were soon enlightened to the awkwardness of the resulting rooms once a circular space is divided. They would also have realised the difficulty of enlarging and extending through the continual addition of rooms, as settlements grew.

These experiments in human interaction differed in astonishing ways, as in the case of Çatal Hüyük, an aggressively egalitarian and non-hierarchal settlement, its founding dated to the mid eighth millennium, two thousand years after Göbekli Tepe. Çatal Hüyük covers an area of thirteen hectares, and it was inhabited before the dwellings were abandoned in the early Copper Age. The habitations were accessed by a wooden ladder through an opening in the flat roof, as there were no streets or public areas and all the buildings abutted one another. The only voids between were used to bury and burn refuse. The Pueblo culture in south-western North America would arrive at a very similar design concept and building method some nine thousand years later. The immaculate space entered is square in shape, open but areas clearly defined by use, a concept of living popular to this day, and taken to its ultimate modern expression by the great architect Mies van der Rohe on the Foxworth River in Illinois.

Here the domestic is sacred. There are no collective spaces dedicated for worship or gathering, other than those found in each home, where daily activity and ritual belief blend into one and the same. The omnipresent power of nature is represented by the mystery of feminine fertility and the taming of wild beasts through images of graceful female figures seated on thrones flanked by leopards. The strength of the masculine is conspicuous in the composition of severed bull heads protruding from the decorated walls. They were sacrificed after being plyes and baited through a ceremonial dance, much in the way the Minoans would four thousand years later, and which continues to this day in some Western Mediterranean cultures.

Monthly coats of fresh lime provided a blank canvas for the occupants of Çatal Hüyük to ex pound and develop their beliefs portrayed in red ochre and charcoal, similar to the parietal art of their recent cave-dwelling forebearers, documenting the process of domestication of seeds and their four-legged neighbours, with sightings of specific species inscribed beside intricate designs and patterns. Reminders of the coming seasons abound, much as a garish calendar from the local Co-op on the back of a farmer's kitchen door. Or the tinkling sound of lead pellets from a hunter's mis-aimed shot that used to rain down on our roof announcing the arrival

of August, and the annual cleansing application of lime wash, whiting out the red streaks of Saharan dust blown over with April's rain clouds and abluting the building of the residue of winter habitation.

Buildings were constructed, maintained and rebuilt exclusively using the materials on location. Mainly stone, mud and timber, according to resource availability and climate.

Two predominant types of building methods would emerge and evolve in parallel, one of massive structural walls built of stone, mud or brick with flat roofs to collect the meagre rainfall in warmer arid zones, and one that favoured the use of structural timber frames with pitched roofs for wetter climates. In essence, this is still the case throughout many countries to this day, where the population remains reliant on the use of local building materials at hand.

The number of rooms and their dimensions were determined by family needs and the materials used, so in that respect not much has changed either. The measurements were defined by the size of the builder's limbs; feet, hands, paces, and in some cases the sum of them, ensuring the space was in harmony with its creator. Thousands of years on, the unit most utilized on the island of Ibiza still coincided with the Egyptian Royal Cubit, approximately 52.5 centimetres, or in other words, the length of the forearm from the tip of the middle finger to the bottom of the elbow plus a palm of four fingers.

The first room built was the Breitraum, a term introduced by German archaeologists to describe a rectangular living space with the entrance on the long wall and perpendicular to its axis, in order to distinguish it from the Langraum where the entrance is found on the short wall, more common to buildings found in wet climes. They were typically fourteen cubits long, seven cubits wide and seven cubits high, creating the space of a double cube. Where these dimensions vary, they do so by the chosen unit, thus ensuring harmonic proportions. Evolving organically, additional rooms were added following an established layout and alphabet of forms as the growing family and farm demanded. Bedrooms, kitchen, living room or quarters for farm animals each had a predetermined position relative to one another, with the experience of countless generations defining and filling the empty spaces.

It is not the clay the potter throws,
Which gives the pot its usefulness,
But the space within the shape,
From which the pot is made.
Without a door,
The room cannot be entered,
And without its windows it is dark
Such is the utility of nonexistence.

Tao Te Ching

Could this be what we perceive as "right", something we can feel in our bones, a sixth sense we are perhaps unable to define? As when we subconsciously clutch at a handhold when falling into our first cycle of sleep, a reminder of when we still had not descended from the higher branches and evolved to walk upright on our own two feet? We eventually enclosed and created space through the use of fire, earth, air and water. Ether is a fifth element we grasp at, yet one that continues to elude us, its transmuting alchemic use still escaping definition.

Although he had relocated to the island of Ibiza two decades previously, my father still collaborated with the Department of Antiquities of the British Museum. He kept receiving wooden crates containing ancient artefacts to be restored. It was very fitting for this work to be done in the lands where they originated. This also rendered him well-suited for the discovery of the denarius in our shallow damp pit which, although unexpected, came as no big surprise to us. The tiered stone terraces blanketing the hills surrounding our small farm were a testament to the ingenuity and toil of countless lives spent engineering the landscape, which enabled the inhabitants to squeeze a livelihood out of the available natural resources in a sustainable manner. Their labour was not of a cultural leaning as ours; it was, for them, a matter of survival.

My parents, children of the Great Depression, intent on not being caught out again by the impending oil crisis of the nineteen seventies, had decided we would become as self-sufficient as the local farmers. This resulted in much early morning pre-school digging to plant grape vines. Opera and classical music, enhanced with the positive energy radiating from the palms of our hands, was meant to accelerate the vines' growth and strength. Sadly for us, the neighbour's herd of goats would do away with that concept some weeks later by devouring the tender sprouting buds, even if our "matins" good energy remained suspect from then on after. This, together with the total failure of our crop of fava beans, made it astoundingly clear that we had completely missed out from the gene pool any part relevant to plant husbandry or knack for growing rooted living organisms. This resulted in the unilateral decision that we would need to favour our wits over our feeble green thumbs. "We would best become craftsmen" was the logical conclusion we reached.

A spinning wheel and looms for weaving were built, not only ensuring we would not go cold, but we could barter for our food too. Beehives were procured, but most importantly, painted light azure and adorned with black and gold arabesques. As the anticipated economic threat slowly receded, fortune smiled on us as a new project came in and we were relieved of our daily routine of singing to the bees. Once more our faith had been put to the test, striving to keep them happy, hoping they would produce a sweet bountiful harvest. Time and again this theory was proved flawed as we desperately ran and sought refuge in our neighbour's irrigation tank, safe from a swarm of irritated co-workers circling above our submerged heads. Due in all likelihood to our complete lack of melodious talent, my father's attempts to pacify bees by strumming a lute was also met with scant enthusiasm. We were eventually assigned a more welcome chore, that of measuring an old ruin to be rebuilt.

While my father sketched the house to be measured he would set me a task, to stand in a chosen corner and listen. Apparently, if I could be still and not fidget for a while, the noise in my head would eventually subside and I would be able to read the humming symphony vibrating in the cubes of earth around me, and I could feel them playing in the walls too.

Builders working on a new housing development on the outskirts of Valetta in 1902, fell through the roof of a prehistoric temple, Hal Saflieni Hypogeum. One of a kind, it lay undisturbed from the time it was abandoned more than four thousand years before. It is a complex succession of rooms carved out of the soft stone on three separate levels approximately six thousand years ago by a farming culture originating in the East. Acoustic research carried out in one of the chambers on the midlevel of the labyrinth, known as the "Oracle Room", has detected a strong double resonance at specific frequencies. Additional laboratory testing indicated that careful listening in the midst of this "megalithic frequency range" results in a dominance shift from the left side of the brain to the right side, a shift that relates to emotional processing.

I believe that it would be naïf of us to not at least consider that the hands, eyes and ears that created these spaces were unaware of their effects. Once our last triangulation was taken, my father and I would head back as the quiet of the evening settled over the valley, lit up with the last rays of the setting sun, the only sound to be heard being the irregular beat of the rusty irrigation pumps sending bursts of cold well water through the open "acequias" between the fruit trees, before being redirected with a quick flip of a wide hoe into the cracked clay of the unused dry channels.

Back at home, the day's data would be drafted by the light of the hissing fisherman's lamp hanging from the central load-bearing beam above the kitchen table, attracting moths that, as overconfident as Icarus, would fly in an ever-closer carrousel formation to the incandescent mantle, resulting in their cremated remains piling in little mounds of ashes below. The concentric circles on their wings were reminiscent of the huge hypnotic eyes of the aroused Loligo vulgaris, or common squid, the usual catch of the fisherman's lamp with its fiery orb.

Meanwhile, shadows leaped and danced around the room, brought alive by the refracted light of the additional candle flames, flickering like whirling dervishes and creating a trancelike state that would trigger the departure of our pilgrimage to the borders of Kurdistan to visit the original architectural Holy Grail. Being baptised en route to the pinnacle of harmonic proportion, where the Heavens meet the Earth, by the refreshing drops of cool summer rain falling through the open oculus of the Pantheon in Rome, totally immersed while standing in solitary awe within a seething mass of multi-coloured tweed socks in Birkenstocks, I purified my mind as the high priest recited from The Book.

Beauty will result from the form and correspondence of the whole,
With respect to the several parts, of the parts with regard to each other,
And of these again to the whole, that the structure may appear an entire
and complete body,
Wherein each member agrees with the other,
And all necessary to compose what you intend to form.

Andrea Palladio, Book I, Chapter I

Inspired by our Phoenician heroes, dozens of jars of preserves were stowed in the hold like precious amphorae of liquid gold; Mother, inspired for her part by our trailblazing Phoenician heroes, boiled a vat of dye that would transform us into the purple people for the foreseeable future. The vessel of choice for our quest was a rugged Land Rover, whose durability and incorruptibility proved paramount in the final decision. Unfortunately, a flaw in the vehicle's design was an abundance of unopening windows, a fibre glass roof and non-existent air-conditioning. This creature of mythological status was the equivalent of a mobile oven. This was confirmed by the puzzled look on the mechanics face as he switched off the central heating during the vehicles revision on our return eight weeks later, to our own surprise.

The temperature had been so intense that despite having removed all the doors on the third day of our expedition, the adhesive on the ceiling had melted. The headliner now resembled a heavy storm cloud that sagged so low it rested on the seat, obscuring our view. As it was the car's only concession to luxury, it was deemed superfluous and therefore dispensable, condemning it to the nearest available bin in Crete as our frustration reached meltdown levels in the dry and dusty inferno that is the Lasithi Plateau in high summer, while searching in vain for the birthplace of Zeus. Desperately lost in the hunt for a stretch of tarmac that appeared to exist only in ink on our overly optimistic roadmap, we eventually arrived on the north slope of Mount Dikte. Too late to turn back, our small clock set in the dashboard ticked loudly and rhythmically. The clock's hands perpetually followed its fluorescent circuit, hastening the calm arrival of Hypnos and his unpredictable son Morpheus as his grandfather Erebus brought down the curtains on the day across the wide windshield and introduced his primordial partner Nyx, only daughter of Khaos, the omnipotent goddess of the night.

We eventually arrived in Istanbul and saw my elder sisters off on the "Magic Bus" coach company, to continue with their studies in Canada, a journey worthy of a Homeric epic poem of its own. The rest of us finally arrived at the place where architecture and engineering ideas were first conceived, where tens of thousands of years before, a broken branch was used to close the mouth of a cave and for the first time all those important questions relevant to design arose: which side of the opening to close, how much light to allow in. Mud was scraped into low walls, how thick, how high. The delayed returns of an agrarian culture ushered in the concept of property and precipitated the collapse of the nomadic hunter gatherer society. Our ancestors could now stop their neverending roaming, settle down at last and start to consider the rules of cohabitation that would, in time, evolve into today's civilisation.

The amalgamation of numerous villages creates a unified city state, large enough to be self-sufficient or nearly so, starting from the need to survive, and continuing its existence for the sake of a comfortable lifestyle.

Aristotle

Having reached our destination satisfactorily, our return journey would be dedicated to trade, our route taking us from one emporium to another. The roof rack, now vacated of my parents' sleeping quarters, would be piled up with Anatolian carpets, crushed charcoal from Thessalonica and open wooden boxes full of slabs of opaque coloured glass from Murano, delivered in shallow wooden rowboats, destined to be cut into minute tesserae for mosaics. Florence provided hand-ground lapis lazuli, sun-thickened cold-pressed walnut oil and hand-woven linen, while red, yellow and green ochre pigments from Roussillon in Languedoc permeated through flax sacks alongside glass capsules containing essences procured from Grasse in Provence.

Finally disembarking down the ramp of the night boat from Barcelona, the rattle of newly cut canes knocking dry almonds from their branches under the muted golden September sunlight welcomed us back. This age-old melody is a reminder that none of our approaches was new. Our key challenge was to learn the fundamental lessons and principles of traditional vernacular architecture, and to implement ways to integrate and enhance the knowledge, skills and experience so they could be applied effectively in a modern context – a notion beautifully described by Le Corbusier in the Athens Charter of 1933, stating "Tradition is the unbroken chain of all renewals and, beyond that, the surest witness of the projection towards the future."

Clearly, the creativity of our ancestors removes any need for us to continually reinvent the proverbial wheel. Their buildings already achieved maximum comfort with the minimum resources available. They successfully integrated the understanding of a given site and climate, producing high performance passive buildings that were environmentally respectful, sustainable and focused on human wellbeing. Our main dilemma today is whether to balance and adapt our lifestyle to the building or adapt the building to our lifestyle – in our continuous search for a responsible and ethical architecture: an architecture that should reflect our socio-cultural behaviour and our current views, as much as the views of those who will be scrutinising us when looking back upon us, from a distant future (or not a so distant one).

Remaining within the general framework of ancient buildings and their sophistication, we have made in-depth studies on the efficiency of a new projects, we have designed according to traditional vernacular architecture on Ibiza and we came away with only one addition that could enhance the functioning of the house: a wind tower. Miniature models of Ancient Egyptian houses dating back to the Early Dynastic period detail the use of the design, which dramatically reduces dependency on fuel and replaces energy requirements with the use of passive cooling and heating.

But as our use of buildings continues to change much more than the actual buildings themselves, the amalgamation of physical functionality, sustainability, low energy

use, durability, affordability, comfort and beauty appears to become more complex. Even this last point is elusive in the eye of the beholder as thankfully we can't all agree. And, after all, there is of course no single right way to design. Sought-after aesthetics and styles are transitory in nature and cyclical while the rational remains beautiful and timeless. Weathering and imperfections add to a building's charm. Plate glass is one of the fundamental materials whose incorporation into buildings has had a major effect on the interior and exterior relationship of our use of space, and our occasional arrogance in its use, leaning on fossil fuels over design in order to achieve comfort within.

Here I must express my heartfelt gratitude to everyone who has invited me to participate on a project, granting me the opportunity to learn and evolve in the ability to design and create homes with their roots planted firmly in the past, while living in the present and seeking to adapt for the future. We give shape to desires, at times well defined and at others a winding journey of exploration full of surprises and discoveries, a dark doorway beckoning into the unknown and an escape from the mundane while lost daydreaming, immersed as we are in the visualisation of a given space.

Possibly a little late at this point I must apologise to those that still bear with me, for having omitted to mention that this introduction has no pretence of having the slightest grasp of understanding the greater scheme of things or a grand theory to advance. I can only offer shallow concepts that I personally struggle daily with on each project, though it doesn't stop me grappling with the challenges of designing for individual and uniquely complex family living, let alone my own. My initial inclination to take the easy route and skip any text at all is due to this fact. Although no stranger myself to pen and paper, my trade is that of angled vectors not beaded strings of words; the reader will forget this rambling, but I do hope some snippets of information will briefly hold its interest. As for any errors they are solely fruit of my own ignorance.

If you have found this long-winded and skipped over the last few pages as a result, imagine saying or having told a teenage child something along the lines of: "look, there is no profession free of a supervisor, except that of a scribe. He is his own boss. If playing with words is your forte, you will be better off than the other trades I have described". Then you will agree both with Dua-Khety pleading with his son Pepy four thousand years ago, and thus also with me, in that much less has changed in the last twelve thousand years than we think, including that collective knowledge is unfortunately lost, the small figures forming the previous phrase having remained indecipherable for fourteen hundred years, since the last hieroglyphs inscribed on the temple walls of Philae grandly proclaimed: "For all time and eternity". We would do well not to do away lightly with all the hard-earned experience, as it distills and condenses everything described above.

As with cyclical alternating styles, it would not be long before another global crisis would rear its ugly head, sending my father into another frenzy of preparations and pushing me to also take action, safe in the knowledge that I had safely buried a crust of bread and a raw egg in a jam jar under the artichoke bush in the herb garden beyond the kitchen door, just in case. I lay stretched out resting, safely under the positive radiation of negative ions released by the copper pyramid located over my bed as I slept the deep sleep of the innocent, while a brief but intense storm ushered in the spring, the raindrops hammering on the roof, at times undistinguishable from the thunder. Awakened by the sunbeams that speared through the latticework skylight, I got up later than usual for our morning chore of seeding doomed crops in our poor soil as the rains had washed away the roads and isolated us once more. Unsurprisingly, given the previous night's downpour, the grounds around our house were blanketed with layer upon layer of beautiful pearly white almond blossoms.

TRUE HARMONY IS TO BE FOUND IN THE BALANCE OF OPPOSITES

Nevada de flor de almendro

Estoy bajo la casa de mi padre. Frente a mí se extiende el huerto de albaricoques, y, más allá, el valle. Las colinas cubiertas de pinos que nos rodean se transforman en multitud de pequeñas e inaccesibles islas entre un mar de remolinos de niebla. Cirros de algodón rompen sobre las costas rocosas y se quiebran ante nosotros, dejándonos abandonados hasta que llegue el momento en el que los rayos del sol atraviesen, como Moisés, el blanco velo. Sólo entonces aparecerá un lecho de profundos surcos de rica tierra rojiza, fértiles campos que resplandecen con las brillantes gotas del rocío de la mañana.

Suena el tercer movimiento del concierto nº4 de Mozart en el pequeño reproductor de 45: la trompa se esfuerza para lograr sonar por encima de la frenética cacofonía del canto de los pájaros. Los restos de las ramas de enebro que alimentaron la hoguera la noche anterior vuelven a la vida desprendiendo un aroma que se entremezcla con el perfume intenso de romeros y tomillos.

Con la luz que precede al alba aparece un disco metálico de un gris apagado, del tamaño de un pulgar, dentro de uno de los someros huecos apenas excavados entre los retorcidos troncos de viejos olivos plateados, cuyas raíces alcanzan las escalonadas murallas de piedra que se suceden hasta llegar al estrecho camino empedrado.

Aquella fresca mañana de primavera de mediados de los setenta yo tendría unos cinco años y las rodillas permanentemente marcadas por los guijarros que había en el calcáreo suelo de la planta superior. Crecía rodeado de parientes más mayores. En aquel momento, apenas podía respirar por la excitación del descubrimiento de lo que, una vez limpio, resultó ser un bajorrelieve de la divinidad epicúrea menor conocida como Bes, protector de las familias, -de todas las cosas buenas-, por el cual se nombra a nuestra isla. Al darle la vuelta, vimos un poderoso toro, encolerizado: eran la cara y la cruz de un denario romano de bronce, acuñado en Ebusus dos mil años atrás. Nos alegró el descubrimiento, pues suponía la posibilidad de una pausa en las excavaciones, que se prolongaban desde la primera hora de la mañana hasta el siguiente amanecer.

Es posible que, al mismo tiempo en que aquí algún pobre tipo maldijera el agujero de su bolsillo, en las laderas del Morna, en Agiryum, Diodorus Siculum describiera lo siguiente: *En primer lugar se divisa una isla llamada Pitiusa, nombrada de éste modo debido a la multitud de pinos que la recorren. Se extiende hacia el mar abierto, distando de las columnas de Hércules un viaje de tres días y algunas noches; desde Libia, a un día y una noche; y desde Iberia, un solo día. De tamaño, tan grande como Córcega. La isla es moderadamente fértil, pues hay poca tierra de cultivo, buena para la vid; pero crecen olivos, injertados del olivo salvaje. De todos los excelentes productos de la isla, destaca la suavidad de su lana. La isla se divide entre grandes explanadas y tierras altas, y en ella hay una ciudad, llamada Eresus, colonia de los Cartagineses. También posee excelentes puertos, grandes murallas, y multitud de casas bien construidas. Sus habitantes son bárbaros procedentes de cualquier territorio, pero preponderantemente fenicios. La fecha de fundación de la colonia se establece ciento sesenta años después del asentamiento de Cartago (814 A.C.).*

Diodorus Siculus, libro V, pasaje XVI.

Esta descripción data de la mitad de la primera centuria antes de Cristo; seiscientos años después los Fenicios se asientan en la isla de Bes. Se produjeron escasos cambios durante los dos milenios siguientes, y, aún en la actualidad, algunas cosas no han cambiado en absoluto: bárbaros de cualquier nacionalidad continúan habitando la isla, mientras la sangre fenicia sigue corriendo por las venas de la población local.

Las casas bien construidas que mencionan los sicilianos fueron levantadas por esos primeros colonos mercantes del Levante, propiciadores de una encrucijada multicultural. La isla es un punto estratégico para el reabastecimiento de víveres y el descanso de los viajeros, que proseguirán después su larga aventura hacia las columnas de Hércules, adentrándose en un océano Atlántico cada vez más inhóspito con sus pequeñas –pero resistentes– embarcaciones. Aún lejos de su destino, las gentes púrpura navegarían en dirección sur-suroeste hacialas Islas Púrpuras, un pequeño grupo de islas en la arenosa bahía de Essaouira, en la costa oeste africana. Allí gobierna una diosa virginal y salvaje, más oscura que la obsidiana. Forjada en la fragua del desierto, protege sus desnudos pies con las pezuñas de los camellos que previamente sacrificó y devoró. Se transforma, gracias a las oscuras artes de la brujería, la alquimia, y la arrolladora fuerza de sus extremidades inferiores, en un Haustellum brandaris, molusco de cuyo interior se obtiene el tinte púrpura de Murex, más preciado que la vida, del cual toman el nombre estos valientes aventureros.

Después de que el rey Nabucodonosor II hiciera caer Tiro en la sexta centuria antes de Cristo, Cartago acrecentó su influencia, consolidándose y expandiéndose a partir de sus asentamientos comerciales, creando un Imperio. Mientras, las casas en Ibiza continúan levantándose sólidamente hasta bien entrada la primera mitad del siglo XX, sin evolucionar de ninguna manera reseñable. Permanecen como un sistema cohesionado que podía adaptarse de acuerdo con las necesidades cambiantes de la familia: esta tradición fue transmitiéndose de padres a hijos durante más de dos milenios y medio. Una "arquitectura sin arquitectos", además, perfectamente sostenible. El tamaño de las construcciones se ajustaba a lo que pudiera gestionar una sola familia, y se establecían donde las tierras pudieran ofrecer recursos apropiados. El reciclaje se producía de forma natural y rápida una vez que se abandonaba una propiedad: las vigas del tejado se derrumbaban y se pudrían, mientras que los muros se disolvían por las lluvias invernales volviendo al suelo del que habían sido creados por la generación a la que habían albergado. Cientos de años de sabiduría aplicada al diseño y ejecución de estos edificios atemporales, profundamente vinculados a su entorno, adaptados a los ciclos solares y climáticos.

El diseño es completamente práctico y simple, sin ornamentación; visualmente, las simples cajas enclavadas en el paisaje aparentan haber nacido de la tierra de la ladera, de forma espontánea. En lugar de combatir la topografía, se trabaja con ella.

Estas líneas maestras también podemos encontrarlas en las antiguas prácticas orientales del Feng Shui y del Vashtu Sastra. Y si nos retrotraemos al final del periodo Neolítico podemos observar la evolución hacia un arte extremadamente complejo, que sólo unos pocos elegidos alcanzarán a entender en profundidad. El resto de nosotros debemos tratar de centrarnos en lo realmente importante para nuestro nivel de comprensión, evitando arrojar la caña tras el anzuelo. De manera intencionada se hizo tan difícil, tan enrevesado, para evitar que se tomara a la ligera y fuera puesto en práctica por aquellos que no lo comprendieran en su totalidad: esto implica un diseño único. En cambio, en una tradición antigua se repite un patrón probado.

Resulta más fácil verlo reflejado en el Dragón, la Tortuga, el Tigre o el Fénix, una vez que se puedan descifrar los contornos topográficos del mapa que representan, y uno puede entender que lo que estas criaturas están transmitiendo es que, probablemente, no sea una gran idea construir sobre el lecho seco de un río. De la misma forma, al ser consciente de que la energía, el espíritu y el viento son una misma cosa, será más fácil comprender que el hecho de ubicar un baño en una pared norte es ahora menos relevante gracias a la fontanería moderna: no volverán a ser un problema las letrinas abiertas compartidas con las cálidas brisas veraniegas, afortunadamente. Con esto intento transmitir que colgar un espejo o una campanilla de viento probablemente no supondrá una gran diferencia, pero las artes que estamos describiendo deben verse como soluciones lógicas a problemas reales, que a menudo se resolvieron siguiendo la tradición y la intuición, aunque no se supiera muy bien el porqué. La respuesta es tan obvia a veces que los árboles no nos dejan ver el bosque, excepto para aquellos pocos elegidos que conservan la clave del mensaje oculto. Si permanecemos atentos, todos somos influenciables por nuestro entorno físico: y percibimos y distinguimos lo que nos parece bien de lo que nos parece mal. Para nuestro lado izquierdo del cerebro, más analítico, posiblemente sean más fáciles de entender las sencillas instrucciones que describe Catón el Viejo en De Agri Cultura. Escrito en el siglo II a.C., el libro aconseja que una propiedad debe estar al pie de una montaña, mirando hacia el oeste y situada cerca de una ciudad de buen tamaño, de una carretera, de un río navegable o del mar. Se debe elegir un lugar que no haya cambiado de dueño a menudo, y que no se haya vendido contra la voluntad del anterior propietario. Comprender esto requiere menos imaginación, y, desde luego, no hace falta estar iniciado en ninguna orden secreta.

Otros capítulos de la obra de Catón el Viejo, como sus escalofriantes y detallados consejos sobre el trato a los esclavos, afortunadamente ya no se consideran las imprescindibles "perlas de sabiduría" que fueron en su día para la correcta gestión de una granja. Pero todos ellos tienen en común la necesidad de tener una guía de las prioridades en el proceso de diseño, y la determinación de adaptarse a cada circunstancia concreta.

Crecí en una tierra habitada por los descendientes de los primeros comerciantes marítimos de la Historia, fieramente independientes. Viví en una antigua hacienda situada al final de un largo y sinuoso camino transitado por burros, en la ruinosa finca que mi padre había comprado a un ibicenco, quien había ganado la propiedad a su vecino en una partida de cartas. Esto constataba que la costumbre autóctona de que sean las hijas quienes conserven los derechos de propiedad es muy acertada. Dicha costumbre se vio reforzada, sin duda, por el culto a la diosa de la Luna: Tanit, la poderosa patrona de todo lo relativo a los ciclos de crecimiento, decadencia, vida, muerte y renacimiento, adorada y temida como una deidad benévola, aunque vengativa. Se la representa como un trapezoide que sostiene una luna menguante trazando un arco sobre su cabeza, y siguió siendo venerada durante muchas generaciones, incluso después de la introducción del cristianismo en la isla. Su imagen se colocaba habitualmente en el santuario de la casa, un pequeño nicho situado frente a la puerta principal.

Tanit fue sustituida con el tiempo por otra deidad, María, representada de nuevo por un trapecio, en este caso sobre una luna creciente. La imagen de Tanit se entrelaza con flores de la vida y una cenefa romboide que rodea la abertura: este anillo de fuego en ocre rojo protege la morada y a sus habitantes. Estos símbolos eran reconocidos en secreto por aquellos que habían sido esclavizados, y su presencia fue romantizada para purgar nuestra conciencia siglos más tarde, a través de las narraciones fantásticas que dan cuenta de su existencia. Grotescos duendes eran tentados por una anémona en flor, que les atraía hacia una botella vacía que debía colocarse bajo el viejo puente romano, iluminada por la luna llena de agosto que se reflejaría en la corriente del único río que tenían las islas Pitiusas. Una vez atrapados, quedaban a plena disposición de su captor. Aún siguen reapareciendo estos nichos y sus mágicos dibujos bajo capas y más capas de cal durante la restauración de viejas casas de campo. Han permanecido haciendo guardia durante largos años, sobre los antiguos santuarios reconvertidos en licoreras.

Una vez que mi padre hubo reconstruido y ampliado la vieja casa para acomodar a su creciente prole, del mismo modo que lo habían hecho generaciones de isleños antes que él,

dedicó el resto de su vida a estudiar las antiguas casas tradicionales. Se interesó por las costumbres de aquéllos que las levantaron y habitaron, dibujando, midiendo y fotografiando las pocas casas de campo que quedaban, interrogando a los agricultores, mientras el mundo que ellos habían conocido desaparecía bajo sus pies —en parte, también, por su propia culpa—. Se esforzó por dejar constancia de estos antiguos conocimientos, con la esperanza de que nos proporcionarían información útil en el futuro. Mientras, buscaríamos un acervo común que había sido extraviado durante nuestro empeño por demostrar que no tenemos necesidad de conquistar nuestro entorno. Expresó este deseo en una de las últimas notas que escribió: "¿No sería maravilloso tener una arquitectura tan bella y tan armoniosa como la que crearon nuestros poéticos predecesores en esta isla de Ibiza? Esto sigue siendo un reto para nosotros".

Durante los años sesenta y setenta la isla sufrió su primera ocupación no violenta desde tiempo inmemorial, y se situó a la vanguardia de la revolución cultural del pensamiento libre. Nuestro hogar se convirtió en un hervidero de hordas de viejos Beatniks y jóvenes hippies que llegaban a nosotros como una plaga de langostas al inicio del verano. Su imaginación desinhibida y sin ataduras era lo suficientemente embriagadora como para no requerir el refuerzo adicional de sustancias psicotrópicas, aparte de la ocasional copa de vino tinto de la casa, prensado con nuestros propios pies desnudos y envejecido en barricas de roble jerezano sazonadas con brandy. Debo confesar que las uvas no eran de nuestras propias viñas. Cualquier día de la semana recibíamos a todo un abanico de personajes variopintos, artistas de toda condición, científicos nucleares, ladrones de bancos, lamas tibetanos, princesas persas, místicos maestros sufíes, estafadores, agentes del Mossad y otros bichos raros.

Entre todos estos turistas cósmicos, quien logró hacerse hueco en mi joven mente fue un profesor de Historia: imitando, a su manera, al asceta sirio San Simeón Estilita en su columna, alquiló un gran algarrobo que había en la colina tras nuestra casa. En sus ramas más altas colgó una vieja y desvencijada silla de mimbre en la que se balanceaba.

Vivió allí durante algunos años, escuchando voces que le iluminaban —como a su referente sirio— e ideó unos complejos gráficos de los sistemas fisiológicos humanos que muchos de sus seguidores a nivel mundial continúan utilizando. Me atrevo a decir que todas las pruebas apuntan a la posibilidad de que estuviera bajo la influencia de algo un poco más fuerte que nuestro vino. No obstante, su primitiva construcción puso de relieve lo que en la antigua Roma se consideraba sabiduría popular: pero ésta sabiduría popular, una vez perdida, tardaría casi dos milenios en volverse a aceptar.

Vitruvio describió los orígenes de la construcción en el siglo I a.C., en el libro II, capítulo primero, de De Architectura. "Fue, por tanto, el descubrimiento del fuego lo que originó la reunión de los hombres, la asamblea deliberativa y las relaciones sociales. Y así, como se fueron reuniendo en mayor número en un determinado lugar, y al encontrarse naturalmente dotados más que los otros animales por no estar obligados a caminar con la cara hacia el suelo, sino erguidos, y contemplando el esplendor del firmamento estrellado; y también al poder hacer con facilidad aquello que quisieran con sus manos y dedos, comenzaron en esa primera asamblea a construir refugios. Algunos los hicieron de ramas verdes, otros cavaron cuevas en las laderas de las montañas, y algunos, imitando los nidos de las golondrinas y su forma de construir, hicieron lugares de refugio con barro y ramas. Con el paso del tiempo, observando los refugios de otros y añadiendo nuevos detalles a sus propias ideas, construyeron cabañas cada vez mejores".

Los actuales estudios arqueológicos sugieren que la agricultura fue la consecuencia de los asentamientos humanos, para satisfacer la necesidad de alimentar a las poblaciones que había decidido congregarse. Pero los cazadores-recolectores fundaron protociudades, como Jericó y Catal Huyuk, que florecieron en Oriente Próximo hace diez mil años, durante los periodos neolítico y calcolítico tardío. Las estimaciones de población de estos asentamientos fluctúan entre 5.000 y 10.000 habitantes. Durante la transición del Paleolítico

Superior al Neolítico, la concurrencia humana en Oriente Próximo se estableció por primera vez sobre una base socio-ritual en Asia Menor. El Triángulo de Oro, una pequeña zona al noreste del Creciente Fértil, fue la cuna de las primitivas edificaciones, que sirvieron de cobijo inicialmente a los propios constructores y escultores de los impresionantes y macizos pilares de piedra en forma de "T" de Gobekli Tepe, hace doce mil años.

Estos tótems, que pesan hasta diez toneladas y miden seis metros de altura, son sobrecogedores por su delicadeza. Los círculos de piedra hundidos en los que se encuentran reproducen la forma de los primeros refugios que se construyeron, transformándose con el tiempo en cuadrados, siguiendo el ejemplo de las casas de los colonos. Lo común se convirtió en sagrado.

No somos impotentes nosotras, pálidas piedras
Todo nuestro poderío no ha desaparecido
Ni toda nuestra gloria
Ni todo el prestigio de nuestro alto renombre
Ni todo lo maravilloso que nos circunda
Ni todos los misterios que moran en nosotros

Edgar Allan Poe

Gobekli Tepe, "el templo más antiguo del mundo" –según Klaus Schmidt, quien descubrió el yacimiento en 1993–, es, a todas luces, inmenso. Para comprender la magnitud de su tamaño, bastará con exponer que las excavaciones realizadas hasta el año 2012 habían dejado al descubierto más de 4.000 m². Y esto representa únicamente el cinco por ciento de su superficie total, ya que los estudios geofísicos indican más de veinte áreas circulares, y la presencia de más de doscientos pilares. Las estructuras están excepcionalmente bien conservadas: cuando fueron abandonadas, se rellenaron y cubrieron con más de seis metros de escombros.

El esfuerzo común para levantar estos edificios, nunca destinados a ser habitados, es sencillamente espectacular. De más de 200 m², el mayor de los templos fue excavado hasta una profundidad de tres metros. Unos gruesos muros de piedra contenían la tierra dejando un espacio interior de 120 m² de, aproximadamente, catorce metros de diámetro. Trece pilares monolíticos de piedra caliza, empotrados a lo largo del muro perimetral, presentan bajorrelieves con escenas de la vida cotidiana. Están pensados para ser leídos del mismo modo que los pasajes y mensajes históricos se transmiten a las sucesivas generaciones de peregrinos y visitantes de los centros de culto modernos, grabadas en los capiteles. Entre las más comunes se encuentran las escenas funerarias, que indican que -una vez separada la cabeza del cuerpo- los rasgos faciales se restauraban con yeso: revelan expresiones tan delicadas y conmovedoras como las que aparecen en el busto de la reina Nefertiti: esto nos permite atisbar a nuestros ancestros del haplogrupo genético. El cuerpo del difunto se depositaba para que lo devoraran los buitres, un ritual que Zaratustra posiblemente vinculara a los "funerales en el cielo" que todavía se practican en el Lejano Oriente.

Sobre las columnas se asentaba un entramado de vigas de madera marcadas en forma de "V" formando una estructura de techo que se apoyaba en dos pilares más grandes en forma de "T" en el centro del espacio. Están tallados representando figuras humanas, y sostenían a su vez entre ellos una piedra en forma de ojo de buey, que permitía la entrada de luz y la salida de humo. Se trata de un precursor de los megaron griegos arcaicos, como el de Cnosos, cuyos constructores probablemente procedían de la cordillera del Tauro, en Asia Menor. El material del suelo era piedra caliza quemada y arcilla: terrazo, extremadamente duradero y resistente a la humedad, muy similar al que hemos heredado y conservado en el suelo de nuestros modernos salones.

Con su planta ovalada, Gobekli Tepe se sitúa en el ecuador de los mil años de ocupación del lugar, ya que las construcciones posteriores fueron progresando hasta hacerse más rectangulares. El cuadrado, o el cubo, en todas sus formas geométricas, es la progresión natural de lo circular aunque la torre redonda de Jericó sea testimonio de la eficacia estructural de una muralla continua e ininterrumpida. Resistió heroicamente el ataque total de las trompetas de los israelitas, mientras el resto de las murallas de la ciudad se derrumbaban a su alrededor en el séptimo día de su asedio. Nuestros antepasados de la Edad de Piedra no tardaron en darse cuenta de la incomodidad de las habitaciones resultantes una vez que se divide un espacio circular. Tampoco eran estructuras fáciles de ampliar mediante la adición continua de habitaciones, a medida que los asentamientos se iban haciendo más numerosos.

Un caso de interacción humana sorprendentemente distinto es Catal Huyuk. Se trata de un asentamiento equitativo y no jerárquico, cuya fundación se remonta a mediados del octavo milenio, dos mil años después de Gobekli Tepe. Catal Huyuk ocupa una superficie de trece hectáreas con una población estimada entre 5000 y 10000 personas, a lo largo de los dos mil años que permaneció habitado. Se sabe que a principios de la Edad de Cobre las viviendas habrían sido abandonadas. Para acceder a ellas, había que descender por una escalera de madera a través de un vano abierto en el tejado plano, ya que no había calles ni zonas públicas, y todos los edificios eran contiguos. Los únicos huecos que había entre ellos se utilizaban para enterrar y quemar los residuos.

Rolph Blakstad and son, Rolf

La cultura Pueblo, en el suroeste de Norteamérica, llegaría a un concepto de diseño y un método de construcción muy similares unos nueve mil años después. A través del techo se desciende a un espacio límpido, de forma cuadrada, abierta, pero con áreas claramente definidas por el uso: un concepto de vida popular hasta hoy, y llevado a su máxima expresión moderna por el gran arquitecto Mies van der Rohe en el río Foxworth, en Illinois.

Aquí, lo doméstico es sagrado: no encontramos espacios colectivos para el culto o la reunión, salvo los que se encuentran en cada hogar, donde la actividad cotidiana y la creencia ritual se funden en una misma cosa. El poder omnipresente de la naturaleza está representado por el misterio de la fertilidad femenina y la doma de las fieras mediante imágenes de gráciles figuras de mujeres sentadas en tronos flanqueados por leopardos. La fuerza de lo masculino destaca en la composición de cabezas de toro cortadas que sobresalen de las paredes decoradas. Se sacrificaban –después de haber sido bien cebados– en un rito que consistía en una danza ceremonial, de forma muy parecida a la que practicarían los minoicos cuatro mil años después, y que continúa hasta hoy en algunas culturas del Mediterráneo occidental.

Sucesivas capas de cal fresca proporcionaron un lienzo en blanco para que los ocupantes de Catal Huyuk expusieran y desarrollaran sus creencias: trazadas en ocre rojo y carbón, similares al arte parietal de sus antepasados cavernícolas recientes, han documentado de forma visual el proceso de domesticación de las semillas y de los animales de su entorno. Se registraban así avistamientos de especies específicas, inscritos junto a intrincados diseños y estampaciones. Es frecuente encontrar "recordatorios" de las próximas estaciones, como en aquellos llamativos calendarios de la Cooperativa local que se colocaban tras la puerta de la cocina de un agricultor cualquiera. Me recuerdan también al sonido metálico de los perdigones de plomo disparados por algún cazador, lloviendo sobre nuestro tejado, como el anuncio de la llegada de agosto y la consiguiente aplicación anual de limpieza de cal: así blanqueábamos las rayas rojas del polvo sahariano arrastrado por las nubes de lluvia de abril, y quedaba el edificio limpio de residuos de la vida invernal.

Los edificios se construían, mantenían y reconstruían exclusivamente con los materiales del lugar, según la disponibilidad de recursos y el clima. Piedra, barro, madera. Dos métodos de construcción surgen y evolucionan paralelamente: por un lado, muros es-

tructurales macizos construidos de piedra, barro o ladrillo con tejados planos para recoger las escasas precipitaciones en las zonas áridas más cálidas. Por otro lado, armazones estructurales de madera con tejados inclinados para los climas en los que hubiera abundancia de precipitaciones. En esencia, esto sigue siendo así en muchos países: la población sigue dependiendo del uso de los materiales de construcción locales, que son los que tiene a mano. Tampoco ha cambiado en exceso la determinación del número de habitaciones y las dimensiones de éstas, establecidas en función de las necesidades de la familia y de los materiales disponibles.

Las medidas se definían por el tamaño de los miembros del constructor: sus pies, manos, pasos, y en algunos casos la suma de ellos, asegurando que el espacio estuviera en sintonía con su creador. Miles de años después, la unidad más utilizada en la isla de Ibiza seguía coincidiendo con el cubit real egipcio, aproximadamente 52,5 centímetros. O, lo que es lo mismo, la longitud del antebrazo desde la punta del dedo corazón hasta el codo, más una palma de cuatro dedos.

La primera habitación que se construía se denominaba breitraum: este término fue introducido por los arqueólogos alemanes, y se refiere a un espacio habitable rectangular, con la entrada en la pared más grande y perpendicular a su eje. Se distingue del langraum, en el que la entrada se encuentra en la pared corta, más común en los edificios de climas húmedos. Por lo general, tenían catorce codos de largo, siete de ancho y siete de alto, creando el espacio de un doble cubo. Cuando estas dimensiones varían, lo hacen en función de la unidad de medida elegida, asegurando así unas proporciones equilibradas. Construyen habitaciones adicionales siguiendo una disposición establecida, de forma orgánica, con un catálogo de formas diversas a medida que la creciente familia y la hacienda lo iban exigiendo. Dormitorios, cocina, sala de estar o las dependencias para los animales: cada uno ocupa una posición predeterminada en relación con los demás. La experiencia de innumerables generaciones determinaba el uso de los espacios vacíos.

No es la arcilla que arroja el alfarero
lo que da a la vasija su utilidad,
sino el espacio dentro de la forma
del que está hecha la vasija.
Sin una puerta,
no se puede entrar en la habitación,
Y sin sus ventanas es oscura
Tal es la utilidad de la inexistencia

Tao Te King

¿Podría ser que lo que percibimos como "correcto" sea esto que podemos sentir en los huesos? ¿Un sexto sentido que no conseguimos definir? Como cuando tratamos de agarrarnos a un asidero, inconscientemente, sumidos en nuestro primer ciclo de sueño. ¿Podría ser un recuerdo de cuando aún no habíamos descendido de las ramas superiores y evolucionado para caminar erguidos sobre nuestros pies? Según transcurre el tiempo, hemos acotado y creado el espacio mediante el uso del fuego, la tierra, el aire y el agua. El éter es un quinto elemento al que nos agarramos, pero que sigue eludiéndonos, y su uso alquímico transmutador, aún escapa a cualquier clasificación.

Aunque se había trasladado a la isla de Ibiza dos décadas antes, mi padre continuaba colaborando con el Departamento de Antigüedades del Museo Británico. Seguía recibiendo cajas de madera con objetos antiguos para restaurar. Consideraba muy conveniente que

se realizara este trabajo en las tierras de origen de dichos objetos. Así que estaba con el hombre idóneo para el descubrimiento del denario en nuestro pozo húmedo y poco profundo, descubrimiento que, aunque inesperado, no nos causó gran sorpresa. Las terrazas de piedra escalonadas que cubrían las colinas que rodeaban nuestra pequeña casa de campo eran un testimonio del ingenio y el trabajo de innumerables vidas dedicadas a la ingeniería del paisaje, que permitían a los habitantes aprovechar al máximo los recursos naturales de forma sostenible. Su trabajo no tenía una vertiente cultural, como la tenía el nuestro; para ellos se trataba de una cuestión de mera supervivencia.

Mis padres, hijos de la Gran Depresión, estaban resueltos a no dejarse sorprender por la inminente crisis del petróleo que se barruntaba en los años setenta, y decidieron que seríamos tan autosuficientes como los agricultores locales. Organizaron excavaciones matutinas para plantar vides, utilizando la ópera, la música clásica, como catalizadoras de la energía positiva que irradiaban las palmas de nuestras manos, y que iban a acelerar —presumiblemente— el crecimiento y la fuerza de las vides. Por desgracia, el rebaño de cabras del vecino desmontaría esta teoría, devorando los tiernos brotes. A pesar de nuestra positiva energía matutina, también fracasó absolutamente la cosecha de habas, lo que puso de manifiesto con total nitidez que se había borrado por completo de nuestro acervo genético cualquier cualidad relevante para el cultivo de plantas. Bien, pero tenía que haber una forma en la que pudiéramos aprovechar nuestro ingenio: "mejor seremos artesanos", fue la conclusión lógica a la que llegamos.

Se armaron telares y una rueca con los que tejer: asegurarían que no pasáramos frío, y además podríamos hacer trueque con los tejidos elaborados a cambio de productos alimenticios. Se instalaron colmenas, pintadas de azul claro y adornadas con arabescos negros y dorados. Además, cantábamos a las abejas, esforzándonos por mantenerlas contentas, esperando que produjeran así una dulce y abundante cosecha. Pero las veces que tuvimos que correr desesperadamente hasta el tanque de riego de nuestro vecino, para ponernos a salvo en el agua, mientras un enjambre de irritadas compañeras volaba en círculos sobre nuestras cabezas sumergidas, demostraron que esta teoría era errónea. Empezaba a quedar claro que adolecíamos de talento melódico, puesto que los intentos de mi padre de apaciguar a las abejas rasgando un laúd también fueron recibidos con escaso entusiasmo. Al final, nos asignaron una tarea más grata: medir una vieja ruina que había que reconstruir.

Mientras mi padre dibujaba la casa que había que medir, me encomendaba una dura tarea: yo debía situarme en un rincón determinado, y escuchar. Por lo visto, si conseguía quedarme quieto y no agitarme durante un rato, el ruido de mi cabeza acabaría disminuyendo y podría leer la sinfonía de zumbidos que vibra en los cubos de tierra que me rodeaban, y también podría sentirlos en las paredes.

En 1902, unos obreros que trabajaban en la construcción de una nueva urbanización a las afueras de La Valetta cayeron por un hueco que resultó ser el techo de un templo prehistórico, el Hipogeo Hal Saflienin. Único en su género, había permanecido intacto desde que fuera abandonado hacía más de cuatro mil años. Se trata de una compleja sucesión de habitaciones talladas en la piedra blanda, en tres niveles distintos, construidos por los miembros de una cultura agrícola originaria de Oriente, hace aproximadamente seis mil años. Las investigaciones por sónar llevadas a cabo en una de las cámaras del nivel medio del laberinto, conocida como la "Sala del Oráculo", han detectado una fuerte resonancia doble en frecuencias específicas. ruebas adicionales de laboratorio indicaron que una escucha atenta en medio de esta "gama de frecuencias megalíticas" produce un cambio de dominancia del lado izquierdo del cerebro al lado derecho, un cambio que se relaciona con el procesamiento emocional.

Creo que sería ingenuo por nuestra parte no tener en cuenta que los ojos y los oídos que crearon estos espacios pudieran ser conscientes de sus efectos. Una vez tomada nuestra última triangulación, mi padre y yo emprendíamos el regreso, mientras la quietud del atardecer se asentaba sobre el valle. Con la luz de los últimos rayos del sol poniente, lo único que se podía escuchar era el irregular latido de las oxidadas bombas de riego que enviaban ráfagas de agua fría de pozo a través de las acequias abiertas entre los árboles frutales, antes de ser redirigidas con un rápido golpe de azada hacia la arcilla agrietada de los canales secos decer se asentaba sobre el valle.

. De vuelta a casa, los datos del día se evaluaban a la luz de la sibilante lámpara de pescador que colgaba de la viga de carga sobre la mesa de la cocina, atrayendo a las polillas que, tan confiadas como Ícaro, volaban describiendo órbitas cada vez más cercanas al manto incandescente. Sus restos incinerados se amontonaban debajo, en pequeños montículos de cenizas. Los círculos concéntricos de sus alas recordaban los enormes e hipnóticos ojos del excitado Loligo vulgaris, -calamar común-, habitual pieza de la luminaria del pescador con su orbe ardiente.

Las sombras saltaban y danzaban por la habitación, animadas por la luz refractada de las llamas de las velas, que parpadeaban como derviches arremolinados. Se creaba un estado de trance que desembocó en la partida de nuestra peregrinación hacia las fronteras del Kurdistán para visitar el Santo Grial arquitectónico original. Cuando nos encaminábamos hacia el cúlmen de la proporción armónica, donde los cielos se encuentran con la tierra, fui bautizado por las refrescantes gotas de la lluvia de verano que caían a través del óculo abierto del Panteón de Roma: solo, asombrado, perdido en un hervidero de calcetines de Birkenstocks, de tweed multicolor, mi mente quedó purificada mientras el sumo sacerdote recitaba el Libro.

La belleza será el resultado de la forma y la correspondencia del conjunto,
con respecto a las diversas partes y de éstas entre sí,
Y de las partes con el todo, para que la estructura parezca un cuerpo entero y completo,
En el que cada miembro concuerda con el otro,
Y todo lo necesario para componer lo que se pretende formar.

Andrea Palladio, Libro I, Capítulo I

Guardamos en la bodega decenas de frascos de conservas, como preciosas ánforas de oro líquido; Madre, inspirada por nuestros pioneros héroes fenicios, hirvió una cuba de tinte que nos transformaría en el pueblo púrpura. La embarcación elegida para nuestra búsqueda fue un robusto Land Rover, cuya durabilidad e incorruptibilidad resultaron decisivas. Desgraciadamente, un fallo en el diseño del vehículo era la abundancia de ventanas que no se abrían, un techo de fibra de vidrio y un aire acondicionado inexistente. Esta criatura de estatus mitológico era el equivalente a un horno móvil: a nuestro regreso, ocho semanas después, el mecánico apagaría la calefacción central del vehículo, con expresión perpleja ante nuestras propias caras de asombro.

A pesar de haber arrancado todas las puertas al tercer día de nuestra expedición, la temperatura había sido tan elevada que el adhesivo del techo se había derretido: ahora el revestimiento parecía una pesada nube de tormenta que se hundía tanto que se apoyaba en el asiento, impidiendo la visión, así que se consideró superfluo y, por tanto, prescindible, condenándolo a la primera papelera que vimos en Creta. Mientras tanto, nuestra frustración alcanzaba niveles de fusión en el infierno seco y polvoriento que es la meseta de Lassithi en pleno verano, al buscar en vano el lugar de nacimiento de Zeus.

El trazado de asfalto que necesitábamos encontrar sólo existía en tinta en nuestra optimista hoja de ruta, pero llegamos finalmente a la ladera norte del monte Dikte. Era ya demasiado tarde para volver atrás. El pequeño reloj colocado en el salpicadero de nuestro coche marcaba un fuerte y rítmico tictac, y sus manecillas perpetuaban su circuito fluorescente, acelerando la tranquila llegada de Hypnos y su imprevisible hijo Morfeo, mientras su abuelo Erebus bajaba las cortinas del día a través del amplio parabrisas y presentaba a su primordial compañera Nyx, única hija de Khaos, omnipotente diosa de la noche.

Finalmente llegamos a Estambul, desde donde mis hermanas mayores partieron para continuar con sus estudios en Canadá, en la compañía "Magic Bus": su viaje es digno de un poema épico homérico propio. Los demás llegamos, por fin, al lugar donde se concibieron por primera vez las ideas de la arquitectura y la ingeniería, donde decenas de miles de años antes se utilizó una rama rota para cerrar la entrada de una cueva y por primera vez surgieron todas aquellas cuestiones relevantes para el diseño: qué lado de la abertura hay que cerrar, cuánta luz hay que dejar entrar. Se trabajó el barro para hacer paredes bajas: se consideró de qué grosor, de qué altura debían ser.

El concepto de propiedad precipitó el colapso de la sociedad nómada de cazadores-recolectores: nuestros antepasados pudieron detener su interminable vagabundeo, asentarse por fin y empezar a consensuar las normas de convivencia que, con el tiempo, evolucionarían hasta convertirse en la civilización actual.

La amalgama de numerosas aldeas crea una ciudad-estado unificada, lo suficientemente grande como para ser autosuficiente o casi, partiendo de la necesidad de sobrevivir, y continuando su existencia en aras de un estilo de vida cómodo.

Aristóteles

Una vez alcanzado nuestro destino, el viaje de vuelta estaría dedicado al comercio. Nuestra ruta nos llevaría de un emporio a otro. La baca del coche, liberada de los útiles de los aposentos de mis padres, se iba llenando con alfombras de Anatolia, carbón vegetal triturado de Tesalónica y cajas de madera abiertas llenas de placas de vidrio opaco de colores de Murano, entregadas en recipientes de madera poco profundos, destinadas a ser cortadas en minúsculas teselas para mosaicos. De Florencia trajimos lapislázuli molido a mano, aceite de nogal prensado al sol y lino tejido artesanalmente, mientras que los pigmentos ocres rojos, amarillos y verdes del Rosellón, en Languedoc, impregnaban los sacos de lino en los que iban guardados, apilados junto a las cápsulas de vidrio que contenían esencias obtenidas en Grasse, Provenza.

Cuando bajamos por la rampa del barco nocturno de Barcelona, nos dio la bienvenida el traqueteo de las cañas recién cortadas que separaba las almendras secas de sus ramas, bajo la apagada luz dorada de septiembre. Esta melodía milenaria nos recordó que ninguno de nuestros planteamientos era nuevo. Nuestro principal reto era aprender las lecciones y los principios fundamentales de la arquitectura vernácula tradicional, y poner en práctica formas de integrar y mejorar los conocimientos, las habilidades y la experiencia para que pudieran aplicarse eficazmente en un contexto moderno. Esta noción fue bellamente descrita por Le Corbusier en la Carta de Atenas de 1933, al afirmar que "la tradición es la cadena ininterrumpida de todas las renovaciones y, además, el testigo más seguro de la proyección hacia el futuro".

No necesitamos reinventar continuamente la proverbial rueda: está claro que la creatividad de nuestros antepasados les hizo capaces de construir edificios que ya conseguían el

máximo confort con los mínimos recursos disponibles. Integraron con éxito la comprensión de un lugar y un clima determinados, produciendo edificios pasivos de alto rendimiento que eran respetuosos con el medio ambiente, sostenibles y centrados en el bienestar humano.

El principal dilema que se nos presenta hoy es si debemos equilibrar y adaptar nuestro estilo de vida al edificio, o adaptar el edificio a nuestro estilo de vida, en nuestra continua búsqueda de una arquitectura responsable y ética: una arquitectura que debería reflejar nuestro comportamiento sociocultural y nuestras perspectivas actuales, tanto como las expectativas de aquellos que nos evaluarán de forma retrospectiva, desde un futuro probablemente no tan lejano.

Quiero expresar mi más sincero agradecimiento a todos los que me han invitado a participar en un proyecto, concediéndome la oportunidad de aprender y evolucionar en la capacidad de diseñar y crear unos hogares que hundan sus raíces en el pasado, mientras habitan el presente, y buscan adaptarse para el futuro.

Damos forma a los deseos: en ocasiones están bien definidos, y otras veces nos llevan a través de un sinuoso viaje de exploración lleno de sorpresas y descubrimientos. Esta oscura puerta nos aboca a lo desconocido, a una huida de lo mundano, haciendo que nos perdamos soñando despiertos, inmersos como estamos en la visualización de un espacio determinado. Posiblemente sea un poco tarde ya, pero debo pedir disculpas a quienes todavía me soportan, por haber omitido mencionar que esta introducción no tiene la pretensión de comprender mínimamente el esquema superior de las cosas. Tampoco avanzo una gran teoría. Sólo puedo ofrecer los conceptos elementales, con los que lucho en cada proyecto, sin que eso me impida lidiar con los retos de diseñar pensando en una vida familiar individual y singularmente compleja –por no hablar de la mía.

De ahí mi tendencia a abreviar y simplificar. Aunque no me resultan ajenos la pluma y el papel, mi oficio es el de los vectores angulares, no el de las cadenas de palabras: el lector olvidará esta divagación, pero espero que algunos fragmentos de información retengan su interés. En cuanto a los errores, son fruto únicamente de mi propia ignorancia. Si esto le ha parecido prolijo, haciendo que se salte las últimas páginas, imagínese diciéndole a un hijo adolescente algo parecido a esto: "mira, no hay profesión libre de supervisor, excepto la de escribiente. Él es su propio jefe. Si el juego de palabras es tu fuerte, te irá mejor que los otros oficios que he descrito". En esto estarás de acuerdo con el consejo de Dua-Khety a su hijo Pepy hace cuatro mil años, –y también conmigo–, puesto que en los últimos doce mil años ha cambiado mucho menos de lo que podríamos pensar. Incluso la sabiduría popular que desgraciadamente se ha perdido, ya que los pequeños signos que componían la frase anterior han permanecido indescifrables durante mil cuatrocientos años: cuando los últimos jeroglíficos inscritos en las paredes del templo de Philae proclamaban grandiosamente: "Por todo el tiempo y la eternidad". Haríamos bien en no obviar a la ligera toda aquella experiencia adquirida con esfuerzo, pues en ella se encuentra destilado y condensado todo lo descrito anteriormente.

Los estilos se alternan de manera cíclica, y, de la misma forma, no pasaría mucho tiempo antes de que otra crisis global levantara su fea cabeza, haciendo que mi padre se entregara a otro frenesí de preparativos. También yo tomé medidas: enterré –por si acaso– un mendrugo de pan y un huevo crudo dentro de un tarro de mermelada, bajo el arbusto de alcachofas, en el jardín de hierbas que había más allá de la puerta de la cocina. Después, con la tranquilidad del buen previsor, me estiré, descansando, a salvo, bajo la radiación positiva de iones negativos liberados por la pirámide de cobre situada sobre mi cama.

Dormí el profundo sueño de los inocentes, mientras una breve pero intensa tormenta anunciaba la primavera, con las gotas de lluvia martilleando el techo, a veces indistinguibles de los truenos. Me levanté más tarde de lo habitual, despertado por los rayos de sol que atravesaban el tragaluz enrejado, y me dispuse para nuestra tarea matutina de sembrar los cultivos, condenados en nuestro pobre suelo. Las lluvias habían arrasado los caminos y nos habían aislado, una vez más. Como era de esperar, tras el chaparrón de la noche anterior, los terrenos que rodean nuestra casa estaban cubiertos de una alfombra de hermosas flores de almendro de color blanco nacarado.

LA VERDADERA ARMONÍA SE ENCUENTRA EN EL EQUILIBRIO DE LOS OPUESTOS.

Colour, shape, shadows and light

Can Trull sits amongst the pine trees in Ibiza's rugged north, with views that stretch across forested hills to reveal the deepest blues of the Mediterranean Sea. Cross-seasonal was harnessing sunlight and vistas on a north-facing plot.

The layout is lateral with one zone leading to the next, each allowing the full force of the winter sun to permeate the spaces while ensuring airflow in the warmer months. An internal courtyard resplendent with a blossoming lily pond faces north, inviting the sun's rays to gently warm the living area. To the north of this calming space is a shallow terrace with a wood pergola that lets the sun flood into the house and the views take centre stage. Can Trull possesses a harmonious flow, linking light-filled spaces with more intimate and cosy areas for comfortable year-round living.

Color, forma, sombras y luz

Can Trull se encuentra entre los pinos del escarpado norte de Ibiza, con vistas que se extienden a través de las colinas boscosas para revelar los azules más profundos del mar Mediterráneo. La vida entre estaciones fue el principio rector del diseño, junto con la exhibición de las vistas de la puesta de sol y la captura de la máxima luz posible. El reto de este diseño era aprovechar la luz del sol y las vistas en una parcela orientada a norte.

La distribución es lateral, con una zona que lleva a la siguiente, permitiendo que toda la fuerza del sol de invierno penetre en los espacios, al tiempo que se garantiza la circulación del aire en los meses más cálidos. Un patio interior, con un estanque de lirios en flor, está orientado al norte, invitando a los rayos del sol a calentar suavemente la zona de estar. Al norte de este espacio tranquilo se encuentra una terraza poco profunda con una pérgola de madera que permite que el sol entre en la casa, convirtiendo a las vistas en protagonistas. Can Trull posee un flujo armonioso, que une espacios luminosos con zonas más íntimas y acogedoras para vivir cómodamente todo el año.

Symmetry defined

Can Mateo is a new home with an old soul. Located in a lush valley between Santa Inés and San Rafael, the grand white walls of this villa overlook a fertile torrente – a small stream protected by ancient stone walls and tall river canes. The house is split into two wings via an H-shaped design that provides abundant flexibility and an intuitive synergy between the interior and exterior.

The facade takes cues from the shapes of Ibiza's historical architecture – whitewashed and battered walls, a portal de feixa entrance and a wide balcony reminiscent of the lofts once used to dry fruits. While the interior touches on minimalism, there are hints of the past in the simplicity of the décor raw wooden surfaces and stone flooring. Niches carved into the walls are a reminder of the sacred shrines originally kept in each household and the flower of life mosaic at the entrance was inspired by the ancient frescoes once found decorating wells across the island.

Simetría definida

Can Mateo es una casa nueva con alma antigua. Situada en un frondoso valle entre Santa Inés y San Rafael, sus grandes muros blancos convergen con un fértil torrente, un pequeño arroyo protegido por antiguos muros de piedra y altas cañas de río. La casa está dividida en dos alas mediante un diseño en forma de H que proporciona flexibilidad y una sinergia intuitiva entre el interior y el exterior.

La fachada se inspira en las formas de la arquitectura histórica de Ibiza: paredes encaladas y maltratadas, un portal de entrada de feixa y un amplio balcón que recuerda a los palomares utilizados antiguamente para secar frutas. Aunque el interior roza el minimalismo, hay guiños al pasado en la sencillez de la decoración, las superficies de madera en bruto y los suelos de piedra. Los nichos tallados en las paredes recuerdan los santuarios sagrados que se guardaban originalmente en cada casa. El mosaico de la flor de la vida de la entrada se inspira en los antiguos frescos que decoraban los pozos de toda la isla.

Tradition revisited

Casa Olivera was an original Blakstad home built in the early 1990s and refurbished by the firm in 2017. Designed by founder Rolph Blakstad, it was always intended to be a traditional finca – if somewhat larger than the original template. This home holds a certain majesty with its double arches, imposing its beauty on the landscape in the most natural way. Arches like these showed up in Ibizan architecture after the Phoenician empire collapsed, likely introduced by the Moors or the Romans, making them old enough to be considered traditional by the modern designer.

As decades passed, Casa Olivera was adapted to the whims and fancies of its inhabitants. Each generation left its mark on the house, modernising it within their technological and aesthetic eras. Now, tradition settles in comfortably with contemporary finishes and fixtures. Dark, rough-hewn Sabina beams traverse a sleek olive wood and steel kitchen, a large skylight floods the living room with sunlight, floors are either limestone or travertine and the gardens are fecund with fresh greens against whitewashed walls.

Tradición revisada

La Casa Olivera era una casa original de Blakstad construida a principios de los años 90 y reformada por la empresa en 2017. Diseñada por el fundador Rolph Blakstad, siempre tuvo la intención de ser una finca tradicional, aunque algo más grande que el modelo original. Esta casa guarda cierta majestuosidad con sus arcos dobles, imponiendo su belleza en el paisaje de la manera más natural. Arcos como estos aparecieron en la arquitectura ibicenca tras el colapso del imperio fenicio, probablemente introducidos por los moros o los romanos, lo que los hace lo suficientemente antiguos como para ser considerados tradicionales por el diseñador moderno.

Con el paso de las décadas, la Casa Olivera se fue adaptando a los caprichos de sus habitantes. Cada generación dejó su huella en la casa, modernizándola dentro de sus épocas tecnológicas y estéticas. Ahora, la tradición se asienta cómodamente con los acabados y accesorios contemporáneos. Las oscuras vigas de Sabina, talladas en bruto, atraviesan una elegante cocina de madera de olivo y acero, una gran claraboya inunda el salón de luz solar, los suelos son de piedra caliza o travertino y los jardines son fecundos con verdes frescos contra las paredes encaladas.

Serene equilibrium

Can Baladre is located within the exquisite Sabina Ibiza, a luxurious enclave of high-design homes on Ibiza's west coast. The layout of this villa is based around a series of pavilions with living quarters in the centre and bedrooms situated in wings. The modernised portal de feixa entrance and inner courtyard contain echoes of the past, yet the oversized limestone paving tiles crisscrossed with stripes of bright green grass lend a pleasing geometry reminiscent of Mondrian. Twin water features on either side of the patio are surrounded by Seville orange trees, whose springtime blossoms send sweet scents on the breeze.

Inside, each room flows into the next — harmoniously connecting the various living areas. Finishes are contemporary and reflect the colours and textures of Ibiza. Oversized skylights flood the spaces with sunlight and a voluptuously curved staircase leads down to the lower levels where the library, spa, hammam and entertainment rooms await. As time goes on, the crimson bougainvillaea on the pool patio will wind its way through the wood pergolas and provide colourful shade on hot summer days.

Equilibrio sereno

Can Baladre se encuentra dentro de la exquisita Sabina Ibiza, un lujoso enclave de casas de alto diseño en la costa oeste de Ibiza. La distribución de esta villa se basa en una serie de pabellones con viviendas en el centro y dormitorios situados en alas. El portal de feixa modernizado y el patio interior evocan ecos del pasado, pero las grandes baldosas de piedra caliza cruzadas con franjas de césped brillante aportan una agradable geometría que recuerda a Mondrian. Dos fuentes de agua a ambos lados del patio están rodeadas de naranjos sevillanos, cuyas flores primaverales desprenden dulces aromas en la brisa.

En el interior, cada habitación fluye hacia la siguiente, conectando armoniosamente las distintas zonas de estar. Los acabados son contemporáneos y reflejan los colores y texturas de Ibiza. Unas claraboyas de gran tamaño inundan los espacios de luz solar y una escalera voluptuosamente curvada conduce a los niveles inferiores, donde aguardan la biblioteca, el *spa*, el *hammam* y las salas de ocio. Con el paso del tiempo, la buganvilla carmesí del patio de la piscina se abrirá paso entre las pérgolas de madera y proporcionará una colorida sombra en los calurosos días de verano.

Homage to history

Perched on a pine-covered hilltop between Santa Eulalia and Cala Llonga, this home required a complete refurbishment to take it out of the 1980s and into the present day while retaining a traditional silhouette. The gentleness of the countryside infuses the ambience, starting with a quaint wooden gate at the entrance opening onto a flagstone courtyard. The sightlines remember the classic shapes of Ibiza's architecture – cubic and angled, with views framed through successive spaces.

A tower was leftover from the original design and enlarged to house a circular dining area that overlooks the swimming pool. Built-in sofas, niche shelving and a large hooded fireplace hark back to days of old while expansive picture windows sliding into pockets, skylights and micro-cement floors place this home in the now. The clean, simple lines of Can Sol de Mencia create a calming and meditative atmosphere. Personalised touches and hints of bright colour encourage a relaxed cosiness.

Homenaje a la historia

Enclavada en la cima de una colina cubierta de pinos entre Santa Eulalia y Cala Llonga, esta casa ha necesitado una reforma completa para sacarla de los años 80 y llevarla a la actualidad sin perder su silueta tradicional. La dulzura del campo impregna el ambiente, empezando por una pintoresca puerta de madera en la entrada que da paso a un patio de losas. Las líneas de visión recuerdan las formas clásicas de la arquitectura ibicenca: cúbicas y angulares, con vistas enmarcadas a través de espacios sucesivos.

Un torreón se ha ampliado para albergar un comedor circular con vistas a la piscina. Los sofás empotrados, las estanterías y la gran chimenea con capucha recuerdan a los tiempos pasados, mientras que los amplios ventanales, las claraboyas y los suelos de micro cemento sitúan esta casa en el presente. Las líneas limpias y sencillas de Can Sol de Mencia crean una atmósfera calmada y meditativa. Los toques personalizados y los de color brillante fomentan un ambiente acogedor y relajado.

Simplicity flows

This house was originally designed for a different location but ended up putting down roots between Santa Gertrudis and Cana Negreta. Located near a dry riverbed encircled by farmland, the peacefulness of the surrounds matches the clean lines of the contemporary interiors. The communal spaces in the original design were oversized, with ceiling heights reaching over five metres. The new design lowered the height slightly to encourage cosiness while narrow skylights direct the sun's rays into the interior.

From the exterior, angles are decisive and sharp – in keeping with the immaculately designed decor. Floors are pale in colour but slightly textured to replicate the feeling of pounded earth while custom-made wooden finishes and niche shelving touch on the traditions of the past. Each area and object has its place and purpose. Much like the old farmhouse style, nothing is superfluous.

La sencillez fluye

Esta casa se diseñó originalmente para una ubicación diferente, pero acabó echando raíces entre Santa Gertrudis y Cana Negreta. Ubicada cerca de un cauce seco rodeado de tierras de cultivo, la tranquilidad del entorno encaja con las líneas limpias de los interiores contemporáneos. Los espacios comunes del diseño original estaban sobredimensionados, con alturas de techo que superaban los 5 m. En el nuevo diseño se ha rebajado ligeramente la altura para favorecer la comodidad, mientras que unas estrechas claraboyas dirigen los rayos del sol hacia el interior.

Desde el exterior, los ángulos son decididos y nítidos, en consonancia con la inmaculada decoración. Los suelos son de color pálido pero ligeramente texturizados para reproducir la sensación de tierra machacada, mientras que los acabados de madera hechos a medida y las estanterías de nicho recuerdan las tradiciones del pasado. Cada zona y cada objeto tienen su lugar y su propósito. Al igual que el antiguo estilo de las granjas, nada es superfluo.

Past to present

Architecturally, Can Xamo is as close to an old farmhouse as a new build can get. The line drawing on the the subsequent pages is of the Blakstad family home, purchased in 1969, upon which the design for Can Xamo is based. You can see the correlation between the two despite the many decades that separate their construction. The entire property, located near San Lorenzo, is imbued with the island's history but is distinguished from tradition by ultra-modern finishes and decor.

The layout of Can Xamo is archetypal and its entryway traditional. Micro-cement flooring throughout has been polished to a high shine, wall pockets conceal doors and the interiors sway across a palette of pale greys and whites with an unassuming elegance. The addition of a guest toilet disguised as a bread oven and a mock well housing the pool system provides the finishing touches to this design fairy tale.

Del pasado al presente

Desde el punto de vista arquitectónico, Can Xamo es lo más parecido a una masía antigua que se pudiera construir. El dibujo de la página opuesta es de la casa de la familia Blakstad, adquirida en 1969, en la que se basa el diseño de Can Xamo. Se puede ver la correlación entre las dos a pesar de las muchas décadas que separan su construcción. Toda la propiedad, situada cerca de San Lorenzo, está impregnada de la historia de la isla, pero se distingue de la tradición por los acabados y la decoración ultra-modernos.

La distribución de Can Xamo es arquetípica y su entrada, tradicional. El suelo de microcemento se ha pulido hasta el brillo, los huecos de las paredes ocultan las puertas y los interiores se mueven en una paleta de grises y blancos pálidos de una elegancia discreta. El añadido de un aseo de invitados disfrazado de horno de pan y un falso pozo que alberga la maquinaria de la piscina dan el toque final a este cuento de hadas del diseño.

Design longevity

The architectural bones of Can Macu are around 200 years old and still going strong. It's a classic farmhouse that was refurbished at some point in the 1980s and when the project eventually came to Blakstad in the early aughts, the brief was to enhance its historical design and update its liveability. The unusual double-height living area and windows stem from what was once the drying loft a century or more ago and an additional guest bedroom now occupies the former stables.

All the doors are original, some hand-hewn from local stone pine and others from Aleppo pine – introduced to Ibiza by the Carthaginians. It's remarkable how perfect form and function has been retained. The cavernous bread oven, once the centre of daily life, has been converted into a full-size bathroom while micro-cement flooring, a sleek kitchen design and simple decor help to reinforce the traditional elements.

Longevidad del diseño

La estructura arquitectónica de Can Macu tiene alrededor de 200 años y sigue siendo sólida. Se trata de una masía clásica que fue reformada en algún momento de la década de 1980 y, cuando el proyecto llegó a Blakstad a principios de los años ochenta, el objetivo era mejorar su diseño histórico y actualizar su habitabilidad. La inusual sala de estar de doble altura y las ventanas provienen de lo que fue hace mas de un siglo el desván de secado. Un dormitorio de invitados adicional ocupa ahora los antiguos establos.

Todas las puertas son originales, algunas talladas a mano en pino piñonero local y otras en pino carrasco, introducido en Ibiza por los cartagineses. Es sorprendente que se hayan conservado perfectamente la forma y la función. El cavernoso horno de pan, que antaño era el centro de la vida cotidiana, se ha convertido en un baño de tamaño completo, mientras que el suelo de micro cemento, el elegante diseño de la cocina y la sencilla decoración contribuyen a reforzar los elementos tradicionales.

Archaeological mélange

A full archaeological study is a prerequisite to any refurbishment of an old farmhouse, ensuring the island's cultural heritage is preserved and honoured in the finished product. The results of one such study showed that Cas Olives has an architectural DNA dating back over 800 years, with some interesting bypasses through the 1980s. It's hard to tell which parts are original and which parts were replaced or reused in renovations because just like today, our forebearers recycled their building materials. Suffice to say, this house has had many lives.

Interestingly, as the plans for refurbishment were developing, the owners became more and more enamoured with achieving a rustic, traditional style. Rotting roof beams were replaced with reclaimed woods, as were the herringbone terracotta tiles. The out-of-place fixtures added in the 1980s were redesigned to align with the villa's heritage and the result is a sensitive melding of eras that beautifully capture the essence of Ibiza's history.

Mezcla arqueológica

Un estudio arqueológico completo es un requisito previo a cualquier reforma de una antigua casa de campo, para garantizar y honrar la conservación del patrimonio cultural de la isla. Los resultados de uno de estos estudios mostraron que Cas Olives tiene un ADN arquitectónico que se remonta a más de 800 años, con algunas desviaciones interesantes a lo largo de la década de 1980. Es difícil saber qué partes son originales y qué partes se sustituyeron o reutilizaron en las reformas porque, al igual que hoy, nuestros antepasados reciclaban sus materiales de construcción. Basta decir que esta casa ha tenido muchas vidas.

Curiosamente, a medida que se desarrollaban los planes de reforma, los propietarios se fueron aficionando a conseguir un estilo rústico y tradicional. Las vigas del tejado que se estaban pudriendo se sustituyeron por maderas recuperadas, al igual que las baldosas de terracota en forma de espiga. Los accesorios fuera de lugar añadidos en la década de 1980 se rediseñaron para alinearlos con el patrimonio de la villa y el resultado es una sensible fusión de épocas que captura maravillosamente la esencia de la historia de Ibiza.

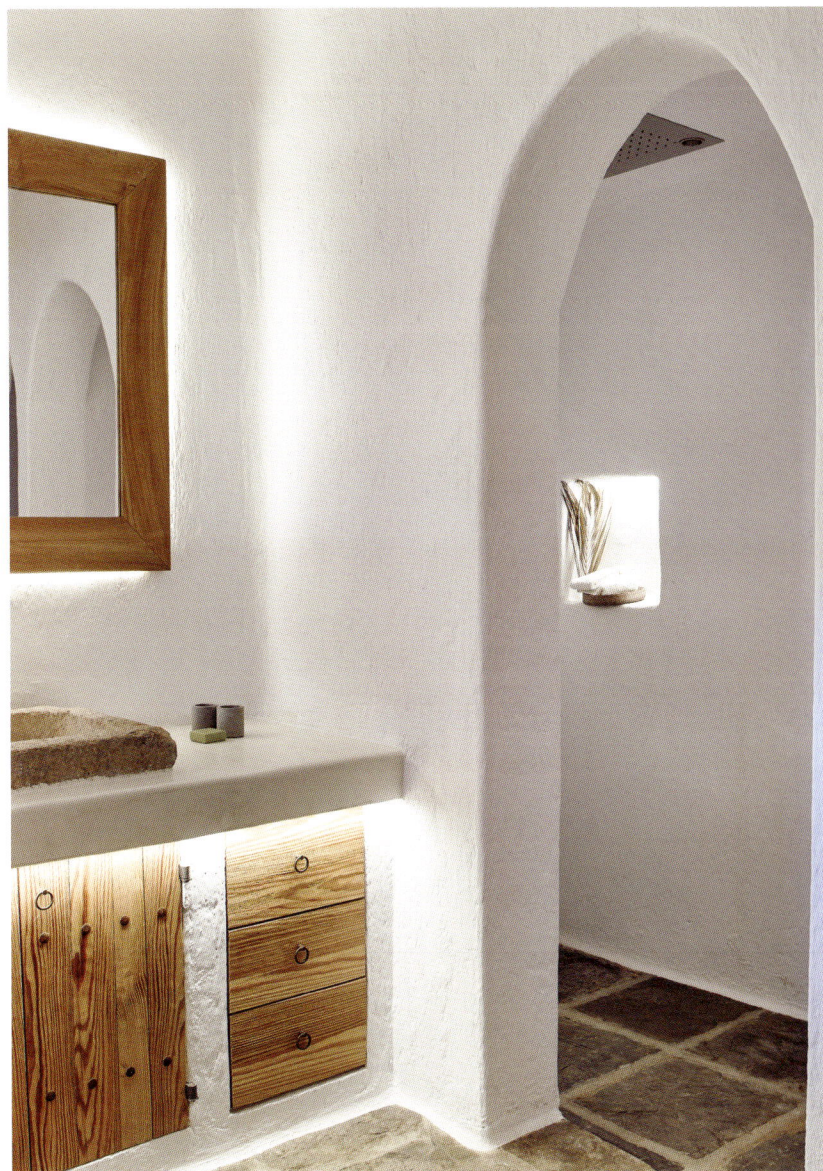

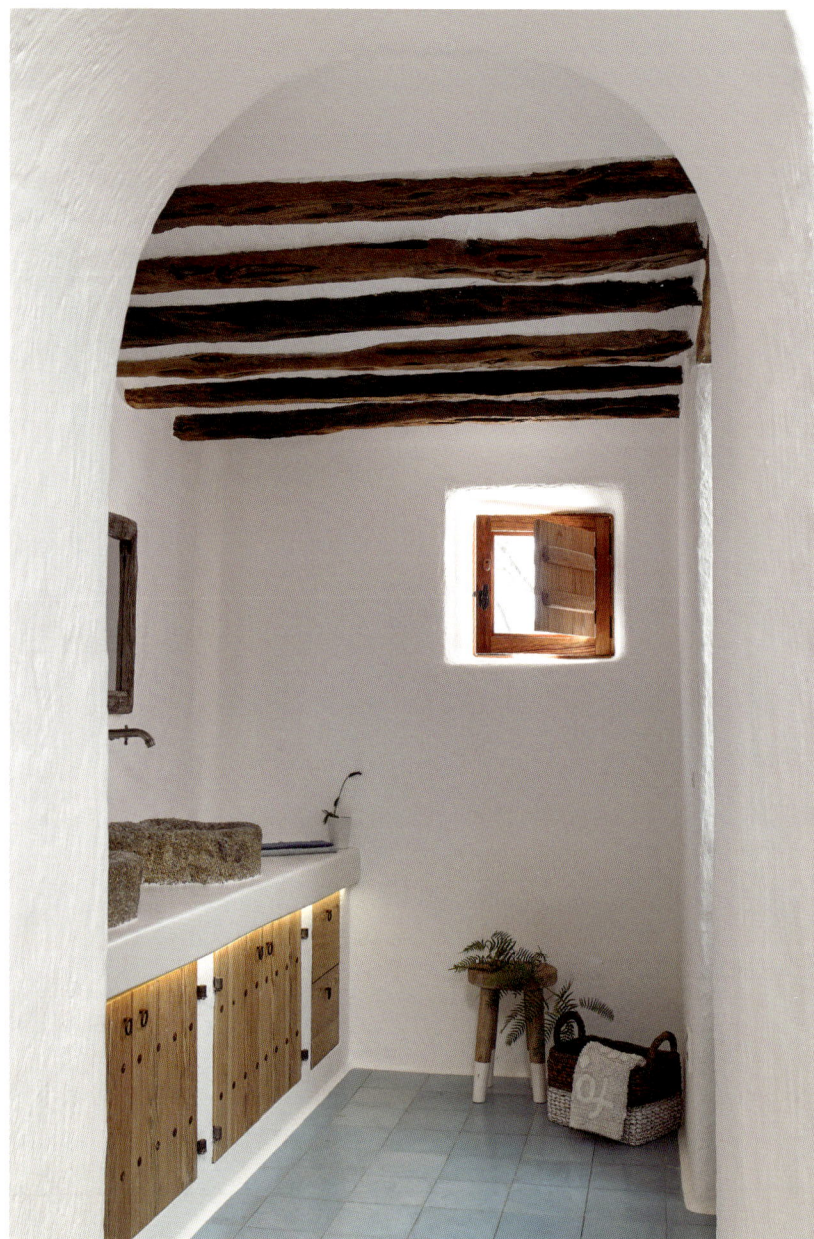

Low-key symmetry

Can Paradalet is the result of a complete overhaul of an original home design, revised to maximise views of the ancient San Miguel church on one side, the sea on the other and the lush lawns at the front of the property. The layout of this house is shaped like a U, allowing for two identical master suites with access to the gardens. The arrangement creates pleasing sightlines through quadrangular spaces and openings — pocket doors open the front bedrooms completely, accompanied by rectangular windows that bring light into the corridors.

This rectilinear shape is repeated throughout the interior architecture in niche shelving and enlarged skylights. Even the passageway between the living area and kitchen echoes the exterior outlines. The courtyard, open on one side, lights the internal spaces and provides a shady respite from the summer heat. Elegant yet utilitarian, the design provides flexibility in how the home is occupied.

Simetría discreta

Can Paradalet es el resultado de una revisión completa del diseño original de la casa para maximizar las vistas de la antigua iglesia de San Miguel en un lado, el mar en el otro y el exuberante césped en la parte delantera de la propiedad. La distribución de esta casa tiene forma de U, lo que permite disponer de dos suites principales idénticas con acceso a los jardines. La disposición crea agradables líneas de visión a través de espacios y aberturas cuadrangulares: las puertas abren completamente los dormitorios delanteros, acompañados de ventanas rectangulares que aportan luz a los pasillos.

Esta forma rectilínea se repite en toda la arquitectura interior en nichos de estanterías y claraboyas ampliadas. Incluso el pasillo entre el salón y la cocina se hace eco de los contornos exteriores. El patio, abierto por un lado, ilumina los espacios interiores y proporciona un respiro sombreado en verano. Elegante y útil, el diseño proporciona flexibilidad a la hora de ocupar la vivienda.

Romance revisited

Typically, farmhouses were placed low in the flatlands of valleys to be protected from the elements but unusually for an old farmhouse, Can Pep d'en Pere is perched on a hilltop between San Carlos and Cala Llenya. The valley spreads out from the north side of the property with the sea to the south, affording the home a vast depth of view. It's a coveted and sublime location.

The renovation called for a slight enlargement of the original finca, which had undergone works in the late 1990s. What was left was not necessarily customary, but the finishes and details tie in the traditions of the island's architecture. The archways are not characteristic, yet they add a certain curvaceousness to the design that seems fitting to the romance of the location. The paving stones were sourced from a small local quarry and the mosaic of the pomegranate tree and doves is based on a drawing by Rolph Blakstad, inspired by the frescoes he found in Ibiza's ancient wells.

Romance revisado

Normalmente, las casas de labranza se situaban en la parte baja de los valles para protegerse de los elementos, pero, excepcionalmente, Can Pep d'en Pere está encaramada en la cima de una colina entre San Carlos y Cala Llenya. El valle se extiende desde el lado norte de la propiedad con el mar hacia el sur, proporcionando a la casa una gran profundidad de vista. Es una ubicación sublime y codiciada.

La renovación requirió una ligera ampliación de la finca original, que había sido objeto de obras a finales de los años noventa. Lo que se dejó no era necesariamente habitual, pero los acabados y detalles enlazan con las tradiciones de la arquitectura de la isla. Los arcos no son característicos, pero añaden una cierta voluptuosidad al diseño que parece ajustarse al romanticismo del lugar. Los adoquines proceden de una pequeña cantera local y el mosaico del granado y las palomas se basa en un dibujo de Rolph Blakstad, inspirado en los frescos que encontró en los antiguos pozos de Ibiza.

Heaven's gate

On a clear day, you can see the cliffs of Mallorca from this centuries-old finca. Nestled to the east of San Juan, this home is surrounded by ancient farmland populated by citrus and centenarian olive trees, layered dramatically into the valley below. Most of the walls are original, as are the doors and many of the Sabina roof beams. The design replicates traditional features such as built-in sofas, niches and stone walls and is combined with contemporary finishes such as lightly polished micro-cement floors and plenty of skylights.

The old stables have been converted into guest quarters and the water features are inhabited by koi to keep mosquitos at bay. The Phoenician goddess Tanit overlooks the bubbling water and the mosaic, designed in-house at Blakstad, was based on representations found all over the Levant. Flourishing gardens have been planted in a typical farmhouse style, in keeping with the history of the plot. Golden wheat still shimmers on the terraces, just as it would have hundreds of years ago.

La puerta del cielo

En un día claro, se pueden ver los acantilados de Mallorca desde esta finca centenaria. Enclavada al este de San Juan, está rodeada de antiguas tierras de labranza pobladas de cítricos y olivos centenarios, que se extienden dramáticamente hacia el valle. La mayoría de las paredes son originales, al igual que las puertas y muchas de las vigas del tejado de Sabina. El diseño reproduce elementos tradicionales como los sofás empotrados, las hornacinas y las paredes de piedra, y se combina con acabados contemporáneos como suelos de micro cemento ligeramente pulidos y abundantes claraboyas.

Los antiguos establos se han convertido en habitaciones para los huéspedes y los estanques están habitados por carpas koi para mantener a raya a los mosquitos. La diosa fenicia Tanit domina el agua burbujeante y el mosaico, diseñado por Blakstad, se basa en representaciones encontradas en todo el Levante. Los florecientes jardines se han plantado al estilo típico de las granjas, en consonancia con la historia de la parcela. El trigo dorado sigue brillando en los bancales, tal y como lo haría hace cientos de años.

Cubic pearls

This new build, located near Aguas Blancas, shows off the cubic shapes of the local architecture. If you look from above, many fincas appear to be like children's building blocks, each cube fitting into the other. At Can Cardona, these cubes are supported by sloping battered walls once used to structurally reduce weight; nowadays it's an aesthetic choice and combined with softened edges, allows the house to settle comfortably within its lush, green surrounds as if it had been there for hundreds of years.

High ceilings, skylights, pale elmwood beams and modern finishes transport the design into contemporary living. Energy efficiency was always a feature of the local architecture and although our current needs and lifestyles differ, the concept remains unchanged. Here, the fireplace is open on two sides and shares its comforting heat across both the living and dining rooms. Finding the most practical way to heat and cool the home is essential, now more than ever.

Perlas cúbicas

Esta nueva construcción, situada cerca de Aguas Blancas, hace gala de las formas cúbicas de la arquitectura local. Si se mira desde arriba, muchas fincas parecen bloques de construcción para niños, cada cubo encajando en el otro. En Can Cardona, estos cubos se apoyan en paredes inclinadas y maltratadas que en su día se utilizaron para reducir el peso de la estructura; hoy en día es una opción estética y, combinada con los bordes suavizados, permite que la casa se asiente cómodamente dentro de su exuberante entorno como si hubiera estado allí durante cientos de años.

Los techos altos, las claraboyas, las vigas de madera de olmo pálido y los acabados modernos trasladan el diseño a la vida contemporánea. La eficiencia energética siempre ha sido una característica de la arquitectura local y, aunque nuestras necesidades y estilos de vida actuales difieren, el concepto permanece inalterado. Aquí, la chimenea está abierta por dos lados y comparte su reconfortante calor con el salón y el comedor. Encontrar la forma más práctica de calentar y enfriar el hogar es esencial, ahora más que nunca.

Transforming perfection

Can Nemo opens like a secret treasure in the hills of Cap Martinet. Concealed behind a suburban setting, it's a home that induces awe as its beauty is revealed. It was once a New Mexico style adobe house, painted an unbecoming shade of peach, overgrown with recalcitrant palms and weeds – completely closed off to the magnificent views to Formentera. Now the gardens are crowned by a stunning staircase leading to the pool and manicured lawns that complement the glistening sea and endless sky.

The new owners worked closely with the Blakstad team, engaging in every aspect of the villa's transformation. The result sees traditional motifs subverted to meet their exacting contemporary tastes. Limestone floors, wood finishes and exposed beams all speak to the past yet the beams are stained dark, the fixtures are ultra-modern and made to specification – even the locks on the doors were carefully selected to match the overall style. This project is the culmination of centuries of architectural development, showing how the knowledge and aesthetic of the past informs and directs current trends.

La perfección transformadora

Can Nemo se abre como un tesoro secreto en las colinas de Cap Martinet. Escondida tras un entorno suburbano, es una casa que induce al asombro a medida que se revela su belleza. En su día fue una casa de adobe al estilo de Nuevo México, pintada de un impropio tono melocotón, cubierta de palmeras recalcitrantes y maleza, completamente cerrada a las magníficas vistas de Formentera. Ahora los jardines están coronados por una impresionante escalera que conduce a la piscina y a un cuidado césped que complementa el reluciente mar y el cielo infinito.

Los nuevos propietarios trabajaron estrechamente con el equipo de Blakstad, implicándose en todos los aspectos de la transformación de la villa. El resultado es la subversión de los motivos tradicionales para satisfacer sus exigentes gustos contemporáneos. Los suelos de piedra caliza, los acabados de madera y las vigas a la vista remiten al pasado, pero las vigas se han teñido de oscuro, los accesorios son ultramodernos y se han fabricado a medida; incluso las cerraduras de las puertas se han seleccionado cuidadosamente para que encajen con el estilo general. Este proyecto es la culminación de siglos de desarrollo arquitectónico, mostrando cómo el conocimiento y la estética del pasado informan y dirigen las tendencias actuales.

Bared soul

There is an old finca at the heart of Can Xic, now modernised and transformed into a luxurious home with a true Ibiza soul. Leaving exterior walls unrendered is not a common sight in Ibiza, however, this villa was calling out for more rustic detailing. Privacy and discretion are the cornerstones of its design while the raw stone walls allow the house to melt gently into the landscape and exist organically within a forest environment.

In the past, practicality dictated that flat terraces were left for crops, so this sloping plot did not come without challenges to maintain equilibrium and capitalise on the existing footprint. The effect of the exposed stone is tempered by contemporary interior styling, enlarged skylights, an impressive art collection and a palette of pale woods, whites and greys. Each bedroom is accompanied by a private courtyard with an outdoor shower while the main entrance is styled after the portal de feixa, a traditional Ibizan architectural element with roots in Ancient Egypt.

Un alma transparente

En el corazón de Can Xic se encuentra una antigua finca, ahora modernizada y transformada en una lujosa vivienda con auténtica alma ibicenca. Dejar las paredes exteriores sin revestir no es algo habitual en Ibiza, sin embargo, esta villa pedía a gritos detalles más rústicos. La privacidad y la discreción son las piedras angulares de su diseño, mientras que los muros de piedra sin revestir permiten que la casa se funda suavemente con el paisaje y exista orgánicamente dentro de un entorno forestal.

En el pasado, la practicidad dictaba que las terrazas planas se dejaran para los cultivos, por lo que esta parcela inclinada no estaba exenta de desafíos para mantener el equilibrio y aprovechar la huella existente. El efecto de la piedra vista se ve atenuado por un estilo interior contemporáneo, tragaluces ampliados, una impresionante colección de arte y una paleta de maderas pálidas, blancos y grises. Cada habitación está acompañada de un patio privado con una ducha exterior, mientras que la entrada principal sigue el estilo del portal de feixa, un elemento arquitectónico tradicional ibicenco con raíces en el Antiguo Egipto.

Stepping into peace

Located near Santa Eulalia, this new build is situated on a plot sloped on two sides. The clients wanted a U-shaped house with a central courtyard, creating a perplexing design challenge. Each room had to be on a different level, with sets of steps descending into the consecutive spaces to maximise the project's allowed perimeters. The challenge supplied by the sloping plot ignited an unusual interior geometry, resulting in a beautiful and immensely comfortable home.

There is room for the eye to roam due to uncommon sightlines and distinctive framing. Light streaming down from skylights not only illuminates the spaces but also creates an inventive depth of field. The sun becomes a living artwork, projecting its ever-shifting shapes on the walls and floors. Finishes are left simple, an aesthetic gleaned from the humble lifestyle of the island's ancestors. Untreated woods, poured concrete, a pale colour palette and natural fibres allow the gentle character of the architecture to shine.

Un paso hacia la paz

Ubicada cerca de Santa Eulalia, esta nueva construcción está situada en una parcela inclinada por dos lados. Los clientes querían una casa en forma de U con un patio central, lo que supuso un reto de diseño desconcertante. Cada habitación tenía que estar en un nivel diferente, con conjuntos de escalones que descendían a los espacios consecutivos para maximizar los perímetros permitidos del proyecto. El reto que supuso la inclinación de la parcela dio lugar a una geometría interior inusual, que dio como resultado una casa hermosa e inmensamente confortable. Hay espacio para que el ojo se desplace gracias a unas líneas de visión poco comunes y a un marco distintivo. La luz que desciende de las claraboyas no sólo ilumina los espacios, sino que también crea una inventiva profundidad de campo. El sol se convierte en una obra de arte viva que proyecta sus formas cambiantes en las paredes y el suelo. Los acabados son sencillos, una estética recogida del estilo de vida humilde de los antepasados de la isla. Las maderas no tratadas, el hormigón vertido, una paleta de colores pálidos y las fibras naturales permiten que brille el carácter amable de la arquitectura.

Detailing beauty

Sunset views often inform the architecture on the west coast of Ibiza and Can Roig was no different, with an emphasis on maximising sunlight throughout the winter. Light and shadow feature heavily in the design, with skylights of all sizes positioned to bring natural brightness into the spaces. The interiors showcase the owner's personality, taking out the expected and replacing it with colour, texture and a smidgeon of eccentricity. Travertine floors and anodised aluminium window frames create a contemporary ambience while an eclectic collection of art and furniture coupled with unique fixtures individualises the rooms.

The curving staircase is of particular note – its seashell arcs adding an organic tenor to the right angles of the architecture and recalling the nearby waters of Cala Tarida. This new build was situated in an overgrown pine forest that had strangled the ancient terraces and local flora. A reclamation of the farmland followed the completion of the house, bringing the surrounding countryside back to its natural state and protecting it from the rapacity of the pine.

Detallando la belleza

Las vistas de la puesta de sol suelen ser la base de la arquitectura de la costa oeste de Ibiza, y Can Roig no fue diferente, ya que se hizo hincapié en aprovechar al máximo la luz del sol durante todo el invierno. Las luces y las sombras tienen un gran protagonismo en el diseño, con claraboyas de todos los tamaños colocadas para aportar luminosidad natural a los espacios. Los interiores muestran la personalidad del propietario, eliminando lo esperado y sustituyéndolo por color, textura y una pizca de excentricidad. Los suelos de travertino y los marcos de las ventanas de aluminio anodizado crean un ambiente contemporáneo, mientras que una colección ecléctica de arte y muebles, junto con accesorios únicos, personalizan las habitaciones.

Destaca la escalera curvada, cuyos arcos de conchas marinas añaden un tenor orgánico a los ángulos rectos de la arquitectura y recuerdan las aguas cercanas de Cala Tarida. Esta nueva construcción estaba situada en un bosque de pinos que había estrangulado las antiguas terrazas y la flora local. Tras la finalización de la casa, se llevó a cabo una recuperación de las tierras de cultivo, devolviendo el campo circundante a su estado natural y protegiéndolo de la rapacidad de los pinos.

Hidden histories

Located between Santa Gertrudis and San Rafael, this historical farmhouse is quite the enigma. Typical of its time, its large size indicates it was once owned by a prosperous farming family. Several peculiar elements distinguish Can Armat from other old fincas in the area. There's a sandstone pillar in what is now the living room, the wood capital branded with the date 1700. The pillar's presence is an architectural mystery – its origin unknown, its design unusual and its date-stamp long past the time of building.

In an upper room now used as a study, a small hole in the wall looks down over the entranceway, wide enough to shoot a crossbow or in later years, a shotgun. The property is named Can Armat after all, which means armed in Catalan. Perhaps it once housed weapons or was an emergency storehouse for food in times of crisis. The architectural significance of this house required a carefully considered refurbishment. Santanyí sandstone floors were installed, recalling the past, and the relatively new ceiling beams were painted white to provide a lightness otherwise missing.

Historias ocultas

Situada entre Santa Gertrudis y San Rafael, esta histórica masía es todo un enigma. Típica de su época, su gran tamaño indica que fue propiedad de una próspera familia de agricultores. Varios elementos peculiares distinguen a Can Armat de otras fincas antiguas de la zona. Hay un pilar de piedra arenisca en lo que ahora es el salón, cuyo capitel de madera lleva la fecha de 1700. La presencia del pilar es un misterio arquitectónico: se desconoce su origen, su diseño es inusual y su sello de fecha es posterior a la época de construcción.

En una habitación superior que ahora se utiliza como estudio, un pequeño agujero en la pared da a la entrada, lo suficientemente amplio como para disparar una ballesta o, en años posteriores, una escopeta. Al fin y al cabo, la propiedad se llama Can Armat, que significa armado en catalán. Tal vez albergó armas o fue un almacén de emergencia para alimentos en tiempos de crisis. La importancia arquitectónica de esta casa exigía una reforma muy estudiada. Se instalaron suelos de piedra arenisca de Santanyí, que recuerdan el pasado, y las vigas del techo, relativamente nuevas, se pintaron de blanco para aportar una ligereza que, de otro modo, se echaría de menos.

Historical crossroads

The old farmhouses of Ibiza were frequently updated, reformed and renovated. This makes it difficult to put a date on many of these ancient homes, but there's little doubt the bones of Can Masia are at least a few hundred years old. Unusually, this finca has a double porxo – the main room of an old farmhouse, used as both the dining hall and workshop. A space of this size indicates the farm was substantial and very fertile, requiring extra room for the people living and working there as well as sufficient storage for the tools of their trades.

The supporting pillar in the centre of the room is particularly ornate. Hand-carved from a single piece of granite, it would have required the employment of a stonemason – another indication of the farm's prosperity. The layout of the home was retained and the original features carefully integrated to fit a modern lifestyle. To keep the ambience true to history, the pool was placed deep into the garden so that the approach to the house remained just as it had been for the last few centuries.

Encrucijada histórica

Las antiguas masías de Ibiza fueron actualizadas, reformadas y renovadas con frecuencia. Esto hace que sea difícil poner fecha a muchas de estas antiguas casas, pero no hay duda de que los huesos de Can Masia tienen al menos unos cuantos cientos de años. Esta finca goza de un doble porche, la sala principal de una antigua casa de campo, que se utiliza como comedor y taller. Un espacio de estas dimensiones indica que la finca era importante y muy fértil, y que requería espacio adicional para las personas que vivían y trabajaban en ella, así como un almacén suficiente para las herramientas de sus oficios.

El pilar de apoyo en el centro de la sala está especialmente ornamentado. Tallado a mano en una sola pieza de granito, debió de requerir el empleo de un cantero, otro indicio de la prosperidad de la granja. Se conservó la distribución de la casa y se integraron cuidadosamente los elementos originales para adaptarlos a un estilo de vida moderno. Para mantener el ambiente fiel a la historia, la piscina se situó en lo más profundo del jardín, de modo que el acceso a la casa permaneció tal y como había sido durante los últimos siglos.

Seasonal living

Can Marines sits just off the road to the famous Benirrás beach in Ibiza's north. Dating back hundreds of years, the house has undergone countless renovations and remodellings throughout its lifetime. When it came to Blakstad, the first item on the agenda was to enlarge the living spaces as the original farmhouse was quite small. The positioning affords breathtaking vistas across the valley to the west and north, which necessitated opening the living area on three sides to take full advantage.

An inner courtyard — reminiscent of both Moorish and Roman design — acts as a nexus to the bedrooms and kitchen. The pool is set away from the house and furnished with extensive outdoor entertaining areas: a full kitchen, dining space and lounge settings. This is where most of the summer days and nights are spent, almost like a secondary home within nature, leaving the main house as a sanctuary for the cooler months.

Vida estacional

Can Marines se encuentra justo al lado de la carretera de la famosa playa de Benirrás, en el norte de Ibiza. La casa, que se remonta a cientos de años atrás, ha sufrido innumerables renovaciones y remodelaciones a lo largo de su vida. En el caso de Blakstad, lo primero que se hizo fue ampliar los espacios habitables, ya que la casa original era bastante pequeña. Su ubicación ofrece unas vistas impresionantes del valle hacia el oeste y el norte, por lo que era necesario abrir la zona de estar por tres lados para aprovecharla al máximo.

Un patio interior, que recuerda al diseño morisco y romano, sirve de nexo de unión con los dormitorios y la cocina. La piscina está alejada de la casa y amueblada con amplias zonas de entretenimiento al aire libre: una cocina completa, un comedor y salones. Aquí es donde se pasa la mayor parte de los días y noches de verano, casi como un hogar secundario dentro de la naturaleza, dejando la casa principal como santuario para los meses más fríos.

New horizons

There are few houses in Ibiza, or the world for that matter, that can compare with Casa Enchanted. The location alone is mesmerising — perched on top of a ridge with never-ending views cast from both the east and the west. On clear days, the mountains of Mallorca are visible through the blue kaleidoscope of sea and sky, along with the deep reds of sunset over Benirrás. The brief was carte blanche on this new build and the goal was to simply expand on what nature had already provided.

Capturing sunlight and the views were an essential objective when designing communal and private areas. A lantern in the living room differs greatly from the customary skylight with the heightened angles promoting spaciousness and coaxing sunlight into the interior all day. Rectangular shapes and natural textures repeat through the various rooms. Openings frame and reframe the architectural and natural aspects of the location, culminating in the spectacular views from the master bedroom.

Nuevos horizontes

Hay pocas casas en Ibiza, o en el mundo, que puedan compararse con la Casa Enchanted. Su ubicación es fascinante: está situada en lo alto de una cresta con vistas interminables desde el este y el oeste. En los días claros, las montañas de Mallorca son visibles a través del caleidoscopio azul del mar y el cielo, junto con los rojos profundos de la puesta de sol sobre Benirrás. En esta nueva construcción, el objetivo era ampliar lo que la naturaleza ya había proporcionado.

Aprovechar la luz del sol y las vistas era un objetivo esencial a la hora de diseñar las zonas comunes y privadas. Una linterna en el salón difiere en gran medida de la habitual claraboya, ya que los ángulos elevados favorecen la amplitud y atraen la luz del sol al interior durante todo el día. Las formas rectangulares y las texturas naturales se repiten en las distintas habitaciones. Las aberturas enmarcan los aspectos arquitectónicos y naturales del lugar, culminando con las espectaculares vistas del dormitorio principal.

Beautiful challenge

Can Nulu's spectacular plot – crowned with views to the mythical islet of Es Vedra – already had a steel frame when it was
commissioned to Blakstad. The inherited structure came with
low ceilings over expansive spaces, requiring a pivot in think-
ing. Architecture is so often about light and shade and deter-
mining the path of the sun is critical data that informs every
project. This and the structural confines of Can Nulu required a
whole range of creative solutions.

Uniform cubic skylights across the ceiling let natural light
stream in, the shape repeated in the niche shelving and square
windows lining the hall. This detail harks back to that historic
foundational shape seen again and again in the vernacular architecture: the cube. From the *portal de feixa* entrance to the
pergola-covered outdoor bathrooms that are located off each
bedroom, the cubic essence of the island remains a clear motif.

Hermoso reto

La espectacular parcela de Can Nulu, coronada con vistas
al mítico islote de Es Vedrá, ya tenía una estructura de acero
cuando se encargó a Blakstad. La estructura heredada venía
con techos bajos sobre espacios amplios, lo que exigía un giro
en el pensamiento. La arquitectura se centra a menudo en la
luz y la sombra, y la determinación de la trayectoria del sol es
un dato crítico que determina cada proyecto. Esto y los límites
estructurales de Can Nulu requerían de toda una serie de soluciones creativas.

Unas claraboyas cúbicas uniformes en el techo permiten la entrada de luz natural, forma que se repite en los nichos de las
estanterías y en las ventanas cuadradas del vestíbulo. Este
detalle remite a esa forma histórica fundacional que se repite
en la arquitectura vernácula: el cubo. Desde el *portal de feixa*
de la entrada hasta los baños exteriores cubiertos de pérgola
que se sitúan junto a cada dormitorio, la esencia cúbica de la
isla sigue siendo un motivo claro en Can Nulu.

Reimagining the past

While many Blakstad projects use Ibiza's vernacular architecture as inspiration for contemporary designs, La Finca is one of the rare projects with a concept that is less interpretive and more historically accurate. The brief for this new build, nestled near the shores of Cala Conta, was to create an exact replica of an old farmhouse. Instead of being a modern home with references to the past, it's a traditional property designed for the future.

The layout is a true reproduction of a classic Ibizan finca, starting with the *portal de feixa* that leads into an interior patio. All the materials used are infused with tradition even though they are mostly brand new. A stone lintel supports the opening to a sunny courtyard and wood doors throughout add to the traditional ambience. Whitewashed walls, niche shelving, stone and tile flooring plus new Sabina wood beams treated to appear hundreds of years old combine to create a rustic patina. Floods of natural light and ultra-modern fittings amalgamate traces of ancient design into a thoroughly contemporary home.

Reimaginar el pasado

Mientras que muchos proyectos de Blakstad utilizan la arquitectura vernácula de Ibiza como inspiración para los diseños contemporáneos, La Finca es uno de los pocos proyectos con un concepto menos interpretativo y más preciso desde el punto de vista histórico. El objetivo de esta nueva construcción, situada cerca de la costa de Cala Conta, era crear una réplica exacta de una antigua casa de campo. En lugar de ser una casa moderna con referencias al pasado, es una propiedad tradicional diseñada para el futuro.

La distribución es una verdadera reproducción de una finca ibicenca clásica, empezando por el *portal de feixa*, entrada rústica que da acceso a la finca y que en este caso queda conectado a un patio interior. Todos los materiales utilizados están impregnados de tradición aunque sean en su mayoría nuevos. Un dintel de piedra sostiene la apertura a un patio soleado y las puertas de madera de todo el edificio contribuyen al ambiente tradicional. Las paredes encaladas, las estanterías de nicho, los suelos de piedra y baldosa y las nuevas vigas de madera de Sabina tratada se combinan para crear una pátina rústica. La luz natural y los accesorios ultramodernos fusionan los rastros del diseño antiguo en una casa totalmente contemporánea.

New histories

Can Ros sits on a steep slope between San Mateo and San Miguel, with views that stretch right across wooded valleys and farmland to the rugged hills beyond. A new build on a tricky plot, the house runs in length from south to north with the subsequent issue of capturing the sun. In this instance, the living spaces are based on the ancient concept of the Greek megaron – a rectangular hall surrounded by four columns with a central hearth that vents through an opening in the ceiling.

There is no need for the hearth at Can Ros, so here the megaron acts as an oversized skylight, allowing the sun to flood the space throughout the day. The sloping plot required the design to be terraced in parts, lending a sense of privacy to each consecutive room. Rammed earth floors look back to ancient times while the colour palette places the house firmly in the present.

Nuevas historias

Can Ros se asienta en una empinada ladera entre San Mateo y San Miguel, con vistas que se extienden a través de valles boscosos y tierras de cultivo hasta las escarpadas colinas más allá. La casa, de nueva construcción en una parcela complicada, se extiende de sur a norte con el consiguiente problema de captación del sol. En este caso, los espacios habitables se basan en el antiguo concepto del Megarón griego: una sala rectangular rodeada por cuatro columnas con un hogar central que se ventila a través de una abertura en el techo.

En Can Ros no es necesario el hogar, por lo que el Megarón actúa como una gran claraboya que permite que el sol inunde el espacio durante todo el día. La parcela en pendiente requirió que el diseño se adosara en partes, lo que da una sensación de privacidad a cada habitación. Los suelos de tierra apisonada recuerdan a tiempos antiguos, mientras que la paleta de colores sitúa la casa en el presente.

Mythical homecoming

Named after Odysseus' mythical home, Can Itaca was thankfully far less of an ordeal to reach than its namesake. This project was rooted in two guiding principles: to make a home that would serve generations to come and to restore the surrounding landscape to its natural beauty. The design is split into day and night zones, with the communal day spaces consisting of the kitchen, dining, living and entertainment rooms and the after dark area containing the bedrooms.

In many ways, this new build truly encapsulates the essence of the island's traditional architecture. Its purpose is to assimilate with the landscape and honour the beauty of the surrounds rather than impose itself. Beyond the aesthetic is a level of functionality that is often an afterthought. Intense planning produced a high standard of energy efficiency, resulting in effective thermal insulation, greywater recycling, solar energy and zero thermal bridges — all of it completely integrated and hidden from sight.

Regreso mítico a casa

Llamada así por el mítico hogar de Odiseo, Can Itaca fue, afortunadamente, mucho menos difícil de alcanzar que su homónima. Este proyecto se basó en dos principios rectores: hacer una casa que sirviera a las generaciones venideras y devolver al paisaje circundante su belleza natural. El diseño se divide en zonas diurnas y nocturnas: los espacios diurnos comunes consisten en la cocina, el comedor, la sala de estar y las salas de entretenimiento, mientras que la zona nocturna contiene los dormitorios.

En muchos sentidos, esta nueva construcción resume la esencia de la arquitectura tradicional de la isla. Su propósito es asimilarse al paisaje y honrar la belleza del entorno en lugar de imponerse. Más allá de la estética hay un nivel de funcionalidad que a menudo es una idea tardía. La intensa planificación produjo un alto nivel de eficiencia energética, que se tradujo en un eficaz aislamiento térmico, reciclaje de aguas grises, energía solar y cero puentes térmicos, todo ello completamente integrado y oculto a la vista.

Timeless elegance

Can Tanca sits in a fertile glade between San Lorenzo and Santa Gertrudis in the centre of the island. Sometimes inspiration arrives as a full package and other times it comes concealed, only realised after a project is complete and can be viewed in its entirety. There's a touch of Knossos in the geometry of Can Tanca and it's not hard to channel the mood of a Minoan prince taking tea in the shade cast by the columns.

The footprint of this property is U-shaped with the indoor sections of the house forming an L. These two sides contain the living quarters, cuffed by grand colonnades, while the third pillared passage is shielded by a pergola that opens to lush gardens and a row of centenarian olive trees. With the pool glistening like a jewel set in the crown of the whitewashed pillars, this new build hints at a classic aesthetic steeped in romance.

Elegancia atemporal

Can Tanca se encuentra en un fértil claro entre San Lorenzo y Santa Gertrudis, en el centro de la isla. A veces la inspiración llega como un paquete completo y otras veces viene oculta, sólo se realiza cuando un proyecto está terminado y se puede ver en su totalidad. La geometría de Can Tanca tiene un toque de Knossos, y no es difícil canalizar el estado de ánimo de un príncipe minoico tomando el té a la sombra de las columnas.

La huella de esta propiedad tiene forma de U, con las secciones interiores de la casa formando una L. Estos dos lados contienen las dependencias de la vivienda, esposadas por grandes columnatas, mientras que el tercer pasillo con pilares está protegido por una pérgola que se abre a los exuberantes jardines y a una hilera de olivos centenarios. Con la piscina brillando como una joya engastada en la corona de los pilares encalados, esta nueva construcción insinúa una estética clásica impregnada de romanticismo.

Seaside immersion

Overlooking the exquisite waters and picturesque fishermen's huts of Cala Corral, the goal for this complete refurbishment was to open sightlines to the maganificent views. Originally built in the 1980s, the house was completely gutted to make way for a new layout that allowed the sea views to the north and forest views to the south to become the protagonists of the design narrative. The plot slopes gently downwards, allowing for a consistent visual that connects the outside with the interior. New doorways and window openings were created to maximise the views and airflow. Wide picture windows slide open and each successive room drops down a level for unin-terrupted views from every level. A neutral colour palette with hints of blues, along with jet black window and door frames, highlights the bright azures and greens of the surrounding nature. The ultimate indulgence is the sunken outdoor living room that not only captures the views but also acts as an elegant entrance into the pool.

Inmersión en el mar

Con vistas a las exquisitas aguas y a las pintorescas casetas de pescadores de Cala Corral, el objetivo de esta completa reforma era abrir las líneas de visión a las magníficas vistas. Construida originalmente en los años 80, la casa fue completamente vacia-da para dar paso a una nueva distribución que permitiera que las vistas al mar, al norte, y al bosque, al sur, se convirtieran en las protagonistas de la narrativa del diseño. La parcela se incli-na suavemente hacia abajo, lo que permite una visual coheren-te que conecta el exterior con el interior.

Se crearon nuevos huecos de puertas y ventanas para maxi-mizar las vistas y el flujo de aire. Los amplios ventanales se abren deslizándose y cada habitación sucesiva desciende un nivel para obtener vistas ininterrumpidas desde todos los ni-veles. Una paleta de colores neutros con toques de azul, junto con marcos de puertas y ventanas en negro azabache, resalta los azules y verdes brillantes de la naturaleza circundante. El último capricho es la sala de estar exterior hundida, que no sólo capta las vistas sino que también actúa como una elegante en-trada a la piscina.

Classic lexicon

Can Sa Plana sits in the basin of the Atzaró valley, its name translating directly to 'on the flat'. Level plots present conundrums and require a creative outlook to enhance the depth of field, texture and sightlines. Humidity is a constant antagonist so here, the house was built onto a raised platform to eliminate rising damp and potential rain damage.

Interestingly, Can Sa Plana has two façades: the first, where the front door sits behind a classic portal de feixa entrance and enclosed patio and the second overlooking the pool, where double-height columns rise majestically to the top floor. The reflection of the house on the surface of the swimming pool, along with the garden's colonnade, lends a sublime Moorish edge to the ambience. The interiors are unassuming as is the tradition, with whitewashed walls, elmwood cabinetry and moulded concrete finishes.

Léxico clásico

Can Sa Plana se encuentra en la cuenca del valle de Atzaró, y su nombre se traduce directamente como "en el llano". Las parcelas llanas presentan problemas y requieren una visión creativa para mejorar la profundidad de campo, la textura y las líneas de visión. La humedad es un antagonista constante, por lo que aquí la casa se construyó sobre una plataforma elevada para eliminar la humedad ascendente y los posibles daños causados por la lluvia.

Curiosamente, Can Sa Plana tiene dos fachadas: la primera, en la que la puerta de entrada se encuentra detrás de un clásico portal de feixa y un patio cerrado, y la segunda, que da a la piscina, en la que unas columnas de doble altura se elevan majestuosamente hasta el último piso. El reflejo de la casa en la superficie de la piscina, junto con la columnata del jardín, confiere un sublime toque morisco al ambiente. Los interiores son discretos, como es tradición, con paredes encaladas, armarios de madera de olmo y acabados de hormigón moldeado.

Ancestral connection

The name Guillemi stems from the Germanic William and was probably brought to Iberia by the Christians sometime in the 1300s. It's an unusual name for Ibiza and lends even more mystery to this impressive farmhouse with origins dating back at least 500 years. A previous incarnation of the finca left it with an excessively rustic aesthetic that was pared back to reveal the true beauty of the original architecture. The trick with refurbishing ancient homes like this is finding the balance between modernity and being respectful of history.

Much of the woodwork and many of the doors at Can Guillemi were retained. The original dark Sabina beams in the older parts of the house contrast beautifully with those in the modern sections, where new untreated timber lightens the spaces resulting in a subdued yet elegant ambience. The striking formal dining room contains an exquisitely preserved olive press dating back to the 1600s. It's a dramatic centrepiece connecting modern living with the ancient roots of the island.

Conexión ancestral

El nombre Guillemi procede del germánico William y probablemente fue traído a Iberia por los cristianos en algún momento del siglo XIII. Se trata de un nombre poco habitual en Ibiza y que confiere aún más misterio a esta impresionante finca cuyos orígenes se remontan al menos 500 años atrás. Una encarnación anterior de la finca la dejó con una estética excesivamente rústica que se redujo para revelar la verdadera belleza de la arquitectura original. El truco de reformar casas antiguas como ésta es encontrar el equilibrio entre la modernidad y el respeto a la historia.

En Can Guillemi se ha conservado gran parte de la carpintería y muchas de las puertas. Las vigas oscuras originales de Sabina en las partes más antiguas de la casa contrastan maravillosamente con las de las secciones modernas, en las que la madera nueva sin tratar aclara los espacios, lo que da lugar a un ambiente tenue pero elegante. El llamativo comedor formal contiene una prensa de aceitunas exquisitamente conservada que data del año 1600. Es una pieza central espectacular que conecta la vida moderna con las antiguas raíces de la isla.

Design fable

The Sabina Clubhouse is the heart of an exclusive residential development comprised of houses designed by the world's top architects. Blakstad Design Consultants were commissioned to contribute six private homes and the communal Clubhouse to the prestigious estate. It's rare for a project to arrive with a brief consisting of a fairy tale about a Phoenician princess who sought solace, beauty and love within the halls of her island palace and this richly detailed backstory inspired the Clubhouse design, which was accompanied by complete creative freedom. As part of a residential complex, the Clubhouse had to segue seamlessly through the seasons. Stone steps descend towards a water feature and into the reception area, beyond which a curved bar sits under a large skylight. There's a lounge flanked by bookshelves and a courtyard watched over by a grandfather olive tree. Tables spread out to an enormous patio, where the pool is encircled by verandas scattered with sofas and sunbeds. While the princess might be fictional, there's little doubt she would have been very comfortable here.

Fábula de diseño

La Casa Club de Sabina Estates es el corazón de una exclusiva urbanización compuesta por casas diseñadas por los mejores arquitectos del mundo. Blakstad Design Consultants recibió el encargo de aportar seis viviendas privadas y la Casa Club comunitaria a la prestigiosa urbanización. No es habitual que un proyecto llegue con un encargo consistente en un cuento de hadas sobre una princesa fenicia que buscaba consuelo, belleza y amor en los salones de su palacio isleño, y esta historia de fondo tan rica en detalles inspiró el diseño de la Casa Club, que se acompañó de una total libertad creativa.
Como parte de un complejo residencial, la Casa Club tenía que pasar sin problemas por las estaciones del año. Unos escalones de piedra descienden hacia una fuente de agua y a la zona de recepción, tras la cual se encuentra un bar curvado bajo una gran claraboya. Hay un salón flanqueado por estanterías y un patio vigilado por un olivo abuelo. Las mesas se extienden hasta un enorme patio, donde la piscina está rodeada de terrazas con sofás y tumbonas. Aunque la princesa sea de ficción, no cabe duda de que habría estado muy cómoda en este lugar.

During the course of Western philosophy, architecture and photography have largely failed to attract sustained, detailed attention particularly when compared to other art forms. Therefore, my dear friend Rolf and I decided to start our second creative journey uniting the philosophy in architecture with the architecture within photography in this second Blakstad House Design book.

A new book we could never have completed if it wasn't for the unconditional support from all of those who accompanied us either physically or spiritually, until the end.

Durante el curso de la filosofía occidental, la arquitectura y la fotografía no han logrado atraer una atención detallada y sostenida, especialmente en comparación con otras formas de arte. Por eso mi querido amigo Rolf y yo decidimos iniciar nuestro segundo viaje creativo, uniendo la filosofía de la arquitectura y la arquitectura dentro de la fotografía, en este segundo libro, Blakstad House Design.

Un nuevo libro que nunca hubiéramos podido completar, si no fuera por el apoyo incondicional de todos los que nos acompañaron, ya sea física o espiritualmente hasta el final.

Conrad White

Directory

022 // CAN TRULL
NEW BUILD
HOUSE AND LANDSCAPE DESIGN: ROLF BLAKSTAD
COLLABORATING ARCHITECT: IRENE TOLEDO
BUILDING ENGINEER: MARCOS LÓPEZ
GARDEN DESIGN: BLANCA ALEIXANDRE
BUILDER: NIAL BLAKSTAD/N & M CONSTRUCCIONES 1980, S.L

034 // CAN MATEO
NEW BUILD
HOUSE AND LANDSCAPE DESIGN: ROLF BLAKSTAD
COLLABORATING ARCHITECT: ERIKUR CASADESUS ,
ANTONIO DÍAZ
BUILDING ENGINEER: XAVIER BLESA
BUILDER: JOSÉ BLESA/ BLEMAR IBIZA S.L

044 // CASA OLIVERA
NEW BUILD
HOUSE AND LANDSCAPE DESIGN: ROLPH & ROLF BLAKSTAD
COOLABORATING ARCHITECT: VICENTE CALBET
BUILDING ENGINEER: DANIEL JIMÉNEZ
INTERIOR DECORATION: ALFREDO CIRELLI
GARDEN DESIGN: BLANCA ALEIXANDRE
BUILDER: NIAL BLAKSTAD/N & M CONSTRUCCIONES 1980, S.L

056 // CAN BALADRE
NEW BUILD
HOUSE AND LADSCAPE DESIGN: ROLF BLAKSTAD
COLLABORATING ARCHITECT: JORDI CARREÑO/VILLA 13
BUILDING ENGINEER: SABINA ESTATES
INTERIOR DECORATION: SABINA ESTATES
GARDEN DESIGN: ANDREA SÁNCHEZ/LATERNA GARDENS S.L
BUILDER: SABINA ESTATES

066 // CAN SOL DE MENCIA
REFURBISHMENT AND EXTENSION
HOUSE AND LANDSCAPE DESIGN: ROLF BLAKSTAD
COLLABORATING ARCHITECT: IRENE TOLEDO
BUILDING ENGINEER: JORDI TORNÉ
GARDEN DESIGN: CARMEN GARCÍA
BUILDER: JUAN ANDRÉS ROIG/FOREST IBIZA S.L

076 // ES CURRALASUS
NEW BUILD
HOUSE AND LANDSCAPE DESIGN: ROLF BLAKSTAD
COLLABORATING ARCHITECT: ERIKUR CASADESUS,
ANTONIO DÍAZ
BUILDING ENGINEER: JORDI TORNÉ
GARDEN DESIGN: CARMEN GARCÍA
BUILDER: NIAL BLAKSTAD/N & M CONSTRUCCIONES 1980, S.L

126 // CAN PEP DEN PERE
REFURBISHMENT AND EXTENSION
HOUSE AND LANDSCAPE DESIGN: ROLF BLAKSTAD
COLLABORATING ARCHITECT: IRENE TOLEDO & ANTONIO DÍAZ
BUILDING ENGINEER: JOAN MAYANS
GARDEN DESIGN: FELIPE DURÁN
BUILDER: NIAL BLAKSTAD/N & M CONSTRUCCIONES 1980, S.L

084 // CAN XAMO
NEW BUILD
HOUSE AND LANDSCAPE DESIGN: ROLF BLAKSTAD
COLLABORATING ARCHITECT: ANTONIO DÍAZ
BUILDING ENGINEER: VICENTE MARÍ
GARDEN DESIGN: CARMEN GARCÍA
BUILDER: NIAL BLAKSTAD/N & M CONSTRUCCIONES 1980, S.L

138 // CAN JAUME
REFURBISHMENT
HOUSE AND LANDSCAPE DESIGN: ROLF BLAKSTAD
COLLABORATING ARCHITECT: FRANCISCO NEGRE
BUILDING ENGINEER: MARC RODRÍGUEZ
INTERIOR DECORATION: ALFREDO CIRELLI
GARDEN DESIGN: ANTONIO GONZÁLEZ/JARDINES DEL
MEDITERRANEO Y ANDREA SÁNCHEZ/LATERNA GARDENS S.L
BUILDER: RAUL PINEDA/CONSTRUCCIONES R. PINEDA, S.L

094 // CAN MACU
REFURBISHMENT
HOUSE AND LANDSCAPE DESIGN: ROLF BLAKSTAD
COLLABORATING ARCHITECT: IRENE TOLEDO
BUILDING ENGINEER: JOAN MAYANS
BUILDER: JUAN RAMOS/ RAMOS OBRA & DECO

150 // CAN CARDONA
NEW BUILD
HOUSE AND LANDSCAPE DESIGN: ROLF BLAKSTAD
COLLABORATING ARCHITECT: ANTONIO DÍAZ
BUILDING ENGINEER: MARC RODRÍGUEZ
GARDEN DESIGN: BLANCA ALEIXANDRE
BUILDER: NIAL BLAKSTAD/ N&M CONSTRUCCIONES 1980, S.L

102 // CAN OLIVES
REFURBISHMENT AND EXTENSION
HOUSE AND LANDSCAPE DESIGN: ROLF BLAKSTAD
COLLABORATING ARCHITECT: XAVIER BLESA
BUILDING ENGINEER: JOAN MAYANS
INTERIOR DECORATION: BIRGIT LAUDA-TANIS IBIZA
GARDEN DESIGN: ANDREA SÁNCHEZ/ LATERNA GARDENS S.L
BUILDER: NIAL BLAKSTAD/ N & M CONSTRUCCIONES 1980, S.L

158 // CAN NEMO
REFURBISHMENT
HOUSE AND LANDSCAPE DESIGN: ROLF BLAKSTAD
COLLABORATING ARCHITECT: GERALDINE JOFRE,
ANTONIO DÍAZ
BUILDING ENGINEER: JORDI TORNÉ
INTERIOR DECORATION: CAN NEMO
BUILDER: JOSÉ BLESA/BLEMAR IBIZA S.L
STYLING: LAURA/ESTEFANY VARGAS

118 // CAN PARADALET
NEW BUILD
HOUSE AND LANDSCAPE DESIGN: ROLF BLAKSTAD
COLLABORATING ARCHITECT: ERIKUR CASADESUS,
ANTONIO DÍAZ
BUILDING ENGINEER: MARC RODRÍGUEZ CAMPILLO
GARDEN DESIGN: BLANCA ALEIXANDRE
BUILDER: NIAL BLAKSTAD/N & M CONSTRUCCIONES 1980, S.L

170 // CAN XIC
REFURBISMENT AND EXTENSION
HOUSE AND LANDSCAPE DESIGN: ROLF BLAKSTAD
COLLABORATING ARCHITECT: IRENE TOLEDO
BUILDING ENGINEER: MARCOS LÓPEZ
GARDEN DESIGN: BLANCA ALEIXANDRE
BUILDER: NIAL BLAKSTAD/ N & M CONSTRUCCIONES 1980, S.L

180 // CAN PEP CALIU
NEW BUILD
HOUSE AND LANDSCAPE DESIGN: ROLF BLAKSTAD
COLLABORATING ARCHITECT: IRENE TOLEDO
BUILDING ENGINEER: JOAN MAYANS
GARDEN DESIGN: BLANCA ALEIXANDRE & NEREA BEITIA
BUILDER: NIAL BLAKSTAD/N & M CONSTRUCCIONES 1980, S.L

230 // CASA ENCHANTED
NEW BUILD
HOUSE AND LANDSCAPE DESIGN: ROLF BLAKSTAD
COLLABORATING ARCHITECT: ERIKUR CASADESUS,
ANTONIO DÍAZ
BUILDING ENGINEER: JOAN MAYANS
GARDEN DESIGN: JASON WATSON-TODD/TERRAVITA, S.L
BUILDER: JUAN ANDRÉS ROIG/FOREST IBIZA, S.L

190 // CAN ROIG
NEW BUILD
HOUSE AND LANDSCAPE DESIGN: ROLF BLAKSTAD
COLLABORATING ARCHITECT: IRENE TOLEDO
BUILDING ENGINEER: JORDI TORNÉ
GARDEN DESIGN: BLANCA ALEIXANDRE
BUILDER: NIDEKER HOUSES

242 // CAN NULU
NEW BUILD
HOUSE AND LANDSCAPE DESIGN: ROLF BLAKSTAD
COLLABORATING ARCHITECT: ANTONIO DÍAZ
BUILDING ENGINEER: DANIEL JIMENEZ
INTERIOR DECORATION: BABETTE HOOGENRAAD/PETER FIERET/
CASA BEDOUIN
GARDEN DESIGN: NEREA BEITIA
BUILDER: NIAL BLAKSTAD/N & M CONSTRUCCIONES 1980, S.L

200 // CAN ARMAT
REFURBISHMENT
HOUSE AND LANDSCAPE DESIGN: ROLF BLAKSTAD
COLLABORATING ARCHITECT: ANTONIO DÍAZ
BUILDING ENGINEER: MARC RODRÍGUEZ
GARDEN DESIGN: BLANCA ALEIXANDRE
BUILDER: NIAL BLAKSTAD/N & M CONSTRUCCIONES 1980, S.L

254 // LA FINCA
NEW BUILD
HOUSE AND LANDSCAPE DESIGN: ROLF BLAKSTAD
COLLABORATING ARCHITECT: ANTONIO DÍAZ
BUILDING ENGINEER: MARC RODRÍGUEZ
INTERIOR DECORATION AND GARDEN DESIGN:
GRAY GILLOT/AMBER DEVELOPMENTS
BUILDER: JUAN ANDRÉS ROIG/FOREST IBIZA, S.L

210 // CAN MASÍA
REFURBISHMENT
HOUSE AND LANDSCAPE DESIGN: ROLPH & ROLF BLAKSTAD
COLLABORATING ARCHITECT: FRANCISCO NEGRE
BUILDING ENGINEER: MARC RODRÍGUEZ
INTERIOR DECORATION: CHANTAL STUURMAN
GARDEN DESIGN: JASON WATSON TODD/ TERRAVITA, S.L
BUILDER: NIAL BLAKSTAD/N & M CONSTRUCCIONES 1980, S.L

262 // CAN ROS
NEW BUILD
HOUSE AND LANDSCAPE DESIGN: ROLF BLAKSTAD
COLLABORATING ARCHITECT: ANTONIO DÍAZ
BUILDING ENGINEER: MARCOS LÓPEZ
INTERIOR DECORATION: LA GRANGE INTERIORS, LTD
GARDEN DESIGN: BLANCA ALEIXANDRE
BUILDER: NIAL BLAKSTAD/N & M CONSTRUCCIONES 1980, S.L

220 // CAN MARINES
REFURBISHMENT AND EXTENSION
HOUSE AND LANDSCAPE DESIGN: ROLPH & ROLF BLAKSTAD
COLLABORATING ARCHITECT: MICHELE MINIERI
BUILDING ENGINEER: JESUS MORÁN
INTERIOR DECORATION: SONIA MONTOYA
GARDEN DESIGN: ANDREA SÁNCHEZ LATERNA GARDENS
BUILDER: NIAL BLAKSTAD/N & M CONSTRUCCIONES 1980, S.L

272 // CAN ITACA
NEW BUILD
HOUSE AND LANDSCAPE DESIGN: ROLF BLAKSTAD
COLLABORATING ARCHITECT: XAVIER BLESA
BUILDING ENGINEER: ANTONIO CALVO
INTERIOR DECORATION: JEAN-CHARLES AUBERT
GARDEN DESIGN: NEREA BEITIA
BUILDER: CASARSA, S.L